Haier 海尔

凭什么赢

成就海尔的59个经营细节

李帅达 编著

哈尔滨出版社
HARBIN PUBLISHING HOUSE

图书在版编目（CIP）数据

海尔凭什么赢：成就海尔的59个经营细节 / 李帅达编著. －哈尔滨：哈尔滨出版社，2011. 1
ISBN 978－7－5484－0252－7

Ⅰ. ①海... Ⅱ. ①李... Ⅲ. ①电气工业—工业企业管理—经验—青岛市 Ⅳ. ①F426.6

中国版本图书馆CIP数据核字(2010)第133608号

书　　名：**海尔凭什么赢:成就海尔的59个经营细节**

作　　者：李帅达　编著
特约编辑：周俊宏
责任编辑：陈春林　王洪启
责任审校：陈大霞
装帧设计：冠之道书装设计

出版发行：哈尔滨出版社(Harbin Publishing House)
社　　址：哈尔滨市香坊区泰山路82－9号　　**邮编**：150090
经　　销：全国新华书店
印　　刷：哈尔滨市石桥印务有限公司
网　　址：www.hrbcbs.com　　www.mifengniao.com
E－mail：hrbcbs@yeah.net
编辑版权热线：(0451)87900272　87900273
邮购热线：(0451)87900345　87900299　87900220(传真)　或登录**蜜蜂鸟**网站购买
销售热线：(0451)87900201　87900202　87900203

开　　本：787×1092　1/16　**印张**：14.25　**字数**：226千字
版　　次：2011年1月第1版
印　　次：2011年1月第1次印刷
书　　号：ISBN 978－7－5484－0252－7
定　　价：23.00元

序言

对中国企业来说，海尔是一个奇迹，它从一个负债147万的小厂成长为今天销售额上千亿的大型跨国集团，成为中国民族企业的骄傲。

对世界来说，海尔是一张新面孔，它用事实证明了中国企业可以用自己的方式打造出中国的世界名牌和管理模式，它代表着一股崛起的中国力量。

总之，海尔是一个传奇，一个中国式的传奇，它凭借着自己独特的企业文化、管理方式将自己打造成一个中国的名牌，同时也铸就了一个世界级的品牌。

回溯26年前，在我国青岛这个漂亮的海滨城市，一个名为青岛电冰箱总厂的企业诞生了，它就是海尔的前身。像所有初建的企业一样，海尔也经历了创业的艰辛。但在困难面前海尔人没有胆怯，他们不断迎难而上，不停地向着更高、更强的目标进取。通过海尔人自强不息的努力，今天的海尔已经成为一家世界知名的大型跨国集团，享誉世界各地。美国时间2009年12月2日，连续发布了15个年度的“中国最有价值品牌排行榜”在美国纽约揭晓，100个中国消费类品牌进入最终榜单，海尔集团公司最终以812亿人民币身价连续八年位居首位。海尔用成绩再次证明了自己。

看到海尔近年的强势发展，很多人不禁要问，海尔是如何做到的?

海尔从建立之初就树立了一个远大的目标，决心要成为“世界的海尔”。在这一远大的目标的指引下，海尔强调产品质量管理、生产管理，制定了一系列极富远见的国际策略，比如说，“先有市场，后建工厂”、“先创牌再创汇”等等。正确的国际化策略和对自身的严格要求让海尔在国际市场上闯出了自己的天地。

海尔的许多管理方法在国内独具特色，“人单合一”、“日清日毕，日清日高”等都是其他企业效仿的对象。为了让企业赢在管理，海尔不但效仿西方先进的管理方法，还结合自身的实际创造出适合海尔的管理方法，试图用管理来增强企业的竞争力。

海尔的危机意识和其他中国企业相比也是超前的。虽然现在的海尔已经扬名海内外，但海尔人依旧以“居危思进”的心态经营着企业。他们重视危机管理，每天都在主动发现自身的问题，并建立起科学的危机应对机制，努力将问题扼杀在萌芽阶段，最大程度减低企业的经营风险。“反复抓，抓反复”、“一抓到底”的问题解决方法都是海尔所提倡的。这么多年，海尔的掌门人张瑞敏一直都“战战兢兢，如履薄冰”，怕的就是海尔以大企业自居，沉迷在成功的喜悦中，没有了前进的动力。

海尔的服务意识是海尔征服国内外用户，创建世界品牌的法宝之一。“真诚到永远”、“星级服务”、“一站式”、“零距离接触”等服务理念深入人心，让海尔积累了足够的信誉，取得了用户的信赖。用户对海尔的忠心是海尔的“无价之宝”，也是海尔树立品牌的关键。

“尊重知识，重视人才”让海尔时刻领跑于行业的前沿。海尔“以人为本”，在海尔人人都是人才，每个人都有足够大的舞台施展自己的才华。任何一个人只要努力为企业贡献自己的智慧和力量，海尔都会给予他肯定和奖励。在“赛马不相马”的用人策略下，海尔出现一派欣欣向荣的景象，每一名员工都争做海尔的“明星员工”，试图用自己的努力换取物质和精神上的双重奖励。海尔就是在这些海尔人的勤奋和贡献中才成就了一个享誉世界的品牌。

海尔就是一本书，一本管理的百科全书，一本企业的文化专著；海尔就是一个故事，有令人回味的开头，有精彩现在，更有辉煌的未来；海尔也是一个谜，它时时刻刻都在创造着奇迹，吸引大家的好奇心去解开这个谜底。

本书归纳总结了帮助海尔成功的65个管理细节，试图从中揭示海尔成功的秘密。全书共分六个部分，分别谈到了海尔的“国际梦”、内部管理模式、竞争手段、危机处理机制、人才策略、服务理念。在叙述的过程中，本书以海尔的实例为阐述观点的论据，辅以其他企业的成功案例证明，力争给众多读者以成功的启迪，希望大家从本书中获得裨益。

目录

NO.1 打造“世界的海尔”

中国很多企业大多是做OEM，中国要有大量的OEM的工厂，但更要有自己的品牌，如果没有品牌就像迈克尔·波特所说的：中国人只是擅长于制造，但很多利润被中间商赚去了。所以我们要打造自己的品牌。很多人看到风险就放弃了，其实应该迎着风险，在风险中寻求可以成功的机会。

CONTENTS

NO. 2 企业就像斜坡上的球

企业好比斜坡上的球体，向下滑落是它的本性；要想使它往上移动，需要两个作用力——一个是止动力，保证它不向下滑，这好比企业的基础工作；一个是拉动力，促使它往上移动，这好比企业的创新能力。且这两个力缺一不可。

NO. 3 与狼共舞

更加严峻的市场挑战已扑面而来，这种竞争犹如与狼共舞。其结果是，要么战胜狼，要么被狼吃掉。海尔的回答是：与狼共舞，挑战国际名牌！与狼共舞，必须让自己成为狼，而且变成“超级狼”。

NO. 4 战战兢兢，如履薄冰

如同登山，你所到达的位置越高，危险当然就越大。一旦失手，就是万劫不复。在这个行业里，发展得越快感到自己知道的东西就越少。我不会因为风险大而退避三舍，也不认为任何事都会成功，我觉得一要积极进取，二要非常慎重。因为市场不给你犯错误的机会，也不给你改正错误的时间。

CONTENTS

NO. 5 “海”纳百川

要把所有的海尔人凝聚在一起，才能迸发出海一样的力量，这就要靠一种精神，一种我们一贯倡导的“敬业报国、追求卓越”的企业精神。同心干，不分你我；比贡献，不唯文凭。把许许多多不可思议和不可能都在我们手中变为现实和可能，那么海尔巨浪就能冲过一切障碍，滚滚向前！

NO. 6 海尔，真诚到永远

一个企业要永续经营，首先要得到社会的承认、用户的承认。企业对用户真诚到永远，才有用户、社会对企业的回报，才能保证企业向前发展。海尔在创造需求，不是制造需求。用户的要求永无止境，作为企业，我们要不断满足消费者的需求，让他们的每一天都过得更好。

NO.1

打造“世界的海尔”

中国很多企业大多是做OEM，中国要有大量的OEM的工厂，但更要有自己的品牌，如果没有品牌就像迈克尔·波特所说的：中国人只是擅长于制造，但很多利润被中间商赚去了。所以我们要打造自己的品牌。很多人看到风险就放弃了，其实应该迎着风险，在风险中寻求可以成功的机会。

1. 有缺陷的产品等于废品

“走出中国，成为世界的海尔”，这是所有海尔人的梦想，为了实现它，张瑞敏提出了“海尔·中国造”。中华民族在世界上占据举足轻重的位置，理应有自己的世界名牌，这是多少代中国人的期盼，也是划分世界市场版图的唯一武器！然而，企业如果想打造出名牌产品，质量就是前提和根本。

张瑞敏名言

张瑞敏曾说过：“要在国际市场竞争中取胜，第一是质量，第二是质量，第三还是质量。”

品牌产品是产品中的精华，是以高度的质量保证为基本特征的，是决定产品市场和销售效果的本质条件。质量是品牌的生命，是获得荣誉、取信于社会的保证。在“中国百姓品牌意识”的问卷调查中，被调查的90. 16%的人认为——首先是产品质量好。可见产品质量的好坏对一个品牌来说是至关重要的。

张瑞敏经历

在中国企业家的经典语录中有这样一句话，它就是素有中国“第一CEO”之称的海尔集团的掌门人张瑞敏说过的，他说：“有缺陷的产品等于废品。”他的话掷地有声，发人深省。

张瑞敏的创业史和海尔的发展史一样极富传奇色彩。海尔的前身是一个在地方上不知名的生产电冰箱的小厂，在张瑞敏接手前，已经先后换了三任厂长，但依旧没有起色，处在资不抵债、濒临破产的边缘。无奈之下，张瑞敏临危受命，从此这个小厂也开始了它辉煌的发展历程。

1985年张瑞敏刚到海尔（时称青岛电冰箱总厂），就开始重点抓产品的质量，在他看来，没有质量保证的产品根本就没有市场，也没有未来。

有一天，他的一位朋友要买一台冰箱，结果挑了很多台都有毛病，最后勉强拉走一台。这让张瑞敏感到非常尴尬，400多台即将走上市场的冰箱，竟然连一个无质量问题的都没有，如果继续这样，这个厂岂不没有希望了？朋友走后，张瑞敏派人把库房里的400多台冰箱全部检查了一遍，发现共有76台存在各种各样的缺陷，根本没有返修的价值。张瑞敏立刻把全体员工叫到车间，问大家该怎么办？因为当时的员工完全没有质量意识，所以多数人提出，反正也不影响使用，便宜点儿处理给自己的员工就算了。20世纪80年代初的中国和现在比大不一样，那时一台冰箱的价格800多元，相当于一名职工两年的收入。也有人提议把那76台冰箱作为“公关武器”处理给经常来厂检查工作的工商局、电业局、自来水公司的人，这样就可以使他们与海尔人心往一处使，对海尔有利无害。

面对两种不同的处理意见，张瑞明作出了一个令大家诧异的处理决定：76台冰箱全部砸掉。张瑞敏说：“我要是允许把这76台冰箱卖了，就等于允许你们明天再生产760台这样的冰箱。”之后，他又宣布，这些冰箱要全部砸掉，谁干的谁来砸，并抡起大锤亲手砸了第一锤！很多职工砸冰箱时流下了眼泪。

一位老工人回忆当初的情形时说：“工厂还在负债，当时冰箱也很贵，并且冰箱也没有太大的毛病，也许只是外观上的一道划痕，但张总说它们不能出厂。因为如果把它们卖出去，导致工厂资不抵债的错误就会继续下去。”

砸冰箱以后张瑞敏说：“这些冰箱的责任是我造成的，因为我没有使全员的质量意识得到提高。”他自己罚了自己工资的百分之百，当时的副厂长杨绵绵被罚了百分之八十的工资。张瑞敏说：“从现在开始，我们要确立质量方面的一种理念：‘有缺陷的产品等于废品’。以后我们的产品不能再分一、二、三等品、等外品了。我们的产品就分合格品、非合格品。

市场只有合格品，非合格品就不能进入市场，要再进入市场，就追究生产者的责任。从现在开始，我们要完善质量管理制度，以后谁再生产这样的冰箱，责任由谁自己负责。

后来，冰箱公司的老职工胡秀凤回忆说："忘不了那沉重的铁锤，高高举起又狠狠落下，76 台质量不合格的成品冰箱顷刻毁于一旦。他砸碎的是我们陈旧的质量意识，唤醒了我们去努力提高自身素质。正是因为有了质量，才有了我们现在的一切。"

"砸冰箱事件"过去三年后，海尔人捧回了我国冰箱行业的第一块国家质量金奖。"砸冰箱事件"让海尔人明白了，任何企业要走品牌战略的发展道路，质量永远是第一位的。

从那以后，张瑞敏在家电行业就被称为"挥大锤的企业家"。而那把用来砸冰箱的著名的锤子，也被摆在海尔的展览厅里，以便让每一位海尔的新员工参观并记住它，让质量观念在每一位海尔人心中生根发芽。

时隔 15 年后，1999 年 9 月 28 日，张瑞敏在《财富》论坛上说："是这把大铁锤为海尔今天走向世界立了大功。"

"砸冰箱"不但砸醒了海尔人的质量意识，也砸出了海尔"要么不干，要干就要争第一"的精神。

成功启示

张瑞敏砸冰箱的故事已经成为我国企业重视质量的一个经典案例，被很多媒体、书刊、高等院校所传诵。无数的企业家在张瑞敏的质量观的感召下，纷纷重视产品质量，以此创出了自己的品牌，取得了成功。

事实上，产品的质量决定着企业的生存。满足客户的根本愿望是企业活动的核心，每位顾客根本愿望的出发点无非是产品质量的好坏。但是产品是由人生产出来的，只有从观念上改变了员工的质量价值观，才能使每位生产者树立起高度的质量意识，具备强烈的责任心，这是保证产品质量的关键所在。

试想，如果我们的产品总是这里有点小毛病，那里有点小缺陷，那么加在一起就是很大的毛病、很大的缺陷。这样的企业如何能够做强做大？更不要想走向国际市场！质量上的小差异，实际上就是观念上质量意识的大差异。必须解决这种观念上的差异，才能从根本上解决产品的质量问题。

松下幸之助被称为日本的“经营之神”。他是世界著名电器财团——松下电器的创始人，也是很多企业家学习的榜样。他的企业经营管理经验备受众人的推崇和重视，并且享誉世界。

松下幸之助曾这样说过：“对产品来说，不是100分就是0分。”他的话的意思很明确，也就是说任何产品，只要在质量上存在着一丝一毫的问题，就得打0分，就意味着这个产品的失败，也就是张瑞敏所说的“有缺陷的产品就是废品”。

日本在世界的经济版图上占有重要的位置，国土资源狭小的日本为什么能成为一个经济上的大国，其企业对产品质量的重视是重要原因之一。日本的产品也以质量卓越而享誉世界，松下电器生产的产品更是众多优秀日本产品中的翘楚。早在1984年，英国对欧洲市场上的电视机进行了一次抽样检查，最终的结果是日本松下公司的电视机获得了第一名，开箱合格率达到了100%。日本松下电器公司拥有20万员工；子公司遍布世界各国，在这种情况下它是如何保持如此高的质量水平呢？这与他的创始人松下幸之助超前的质量意识和高超的质量管理是分不开的。

松下电器公司拥有完善的质量管理系统，全公司的各子公司、各事业部、各部门、全体职工都围绕着公司的质量方针，制订完善的质量计划，确立质量管理体系，使得产品在生产过程中能够系统地管理，以保证产品的质量。与其他公司不同，松下公司对产品的质量要求十分严格，始终把产品的质量保证放在首位。一般企业都是从经济意义上对待质量问题，因为当企业的次品率从10%降到5%时，就会很大程度地提高企业的经济效益，如果从5%降到1%，则在经济上就不合算了，而松下公司却能够在达到1%后还追求降到0. 1%、0. 01%直到0。如果大家有幸去松下公司参观过，那么在公司墙上的质量图表中，你会看到它的次品率并不像别的企业是以百分之几来表示的，而使用万分之几表示的。当前松下公司的次品率为万分之三到万分之五，近期将为0. 01%～0. 02%而努力，最终的目标是0。正是这种对产品零缺陷的追求确定了松下产品在市场竞争中的地位。

21世纪是质量的世纪，其主要原因在于质量方面激烈的国际竞争，竞争的目标是争夺“世界级的质量”。在国际经济日趋全球一体化的今天，任何企业走出厂门就是世界，如果没有世界级的质量，就没有资格走向世界。因此，企业必须具备现代质量管理的技能，才有资格与实力参与全球竞争。

很多朋友都在艰难地创业，也有很多朋友经营企业多年，大家都渴望取得成功，都在探索成功的途径，那么就请大家从质量做起，首先提高自己的质量意识，然后改变员工们的质量观念，只要坚持高起点、高标准的质量经营，就能打造出一个卓越的世界品牌，让产品深入人们的心中。

2. 组织结构再造

企业就像交响乐团，为什么几百名音乐家能够在他们的首席执行官——乐队指挥下一起演奏？是因为大家共同用着同一张总乐谱。

张瑞敏名言

张瑞敏说：“在如今的市场竞争当中速度是第一位的，所以所有的组织结构的改变都是为了这两个字。”

组织结构的创新最终的目的是把企业组织内部每一个员工的积极性调动起来，或者说给员工创造一个创新的空间，这个组织结构的改变不是为了改变而改变，而是为了以最快的速度适应市场的要求。

张瑞敏经历

海尔在张瑞敏的领导下，企业规模迅速壮大起来。但是面对强大起来的海尔，张瑞敏产生了担心：海尔是一个大企业，其组织结构是金字塔型，员工应对的是层层的上级。由于这个金字塔的层数太多，造成了企业组织结构的臃肿，海尔就像一个身体巨大的恐龙，不但走起来费力，面对变幻多端的市场，反应起来也相当吃力。为了改变这种状况，张瑞敏准备对企业自身进行一场“革命”，把原来的组织结构由过去直线型的金字塔机构改革为扁平化的组织结构。

张瑞敏提倡的“扁平型”组织结构要求每个人都必须是各领域的专家，也就是一个萝卜一个坑。为此，张瑞敏取消了班组长，由经理直接面对操作工。海尔组织结构再造前的订单流程是：供货公司把订单先传到集团的市场部，经过事业部、企划处，到生产分厂，分厂作一个计划，再发到车间。而在组织结构改革后的订单流程中，这些中转站被削减了，工人和市场需求的距离一下子被拉近了，每个部门中的每个员工直接对市场负责。

组织结构改革后，海尔的运作效率大大提高了。曾经有一位法国经销商订购了3000台节能冰箱，过去从来订单到安排成产需要大约10多天的时间，而组织结构改革后，这个过程只需要几个小时。

以海尔冰箱二厂为例，在实施组织结构改造后原来有的6级管理程序：厂长、生产厂长、生产调度、车间主任、大组长和工人，现在削减为2级，经理直接对着操作工。原来的23个管理人员削减成了9个，结构一下子扁平化了。厂长的办公地点也搬到了生产现场，每天都和工人在一起，直接了解一线工人的情况。在车间里，也不会有人称原来的厂长李清君为“厂长”，而是叫他“李经理”。

说起原冰箱二厂的李清君，他从1997年开始在一厂当厂长，中间也经历很多波折，几起几落，但他的每一次变化都似乎是重新开始。这一次实施组织结构改革，开始时李清君也感到过失落、心里没底。他这样说过：“一开始，说心里话是挺忙的，比以前责任要大了，因为没改之前，从厂长到工人有六级管理人员，出了问题我可以把责任推给他们。原来一个问题得经过层层上报，到我这里可能就变味了、走样了。改革后，一切都不一样了。”

对于张瑞敏提出的组织结构的再造，刚开始，很多人也担心会影响自己的利益，但当新的结构运行一周后，不仅没有影响订单执行，还提高了订单执行率，一周下来订单执行率达到了历史上的最高水平。

过去海尔曾将宝贵的时间花在层层传达、会山文海之中，甚至连一份文件的传递通常都需要很长的时间。实施扁平化组织结构，减少了管理者向下传递信息时的失真，减少了底层向上层传递信息时的失真，减少了市场与客户传递信息时的失真，更能便于管理者准确地把握市场，及时了解操作层的各种工作情况；减少了时间资源的巨大浪费，极大地提高了企业效率。这些充分论证了扁平化组织结构的合理性。

成功启示

美国管理学家德鲁克在较早时期就运用医院作比喻来解释组织结构扁平化的特征，他指出：在医院里，所有专家只有一个共同的使命：疾病的治疗和护理。对患者的诊断结果就是他们的总谱，这个总谱引导着 X 光师、营养师、护理师和其他工作人员共同工作。显然，如果按照传统的管理幅度理论，这些人，至少需要好几个管理层级，但“扁平化”意味着每个职位只直接面对病人。

流程再造的思想是扁平化思想产生的渊源之一。20 世纪 90 年代美国管理学家哈默和钱皮打破了传统的管理理念，提出流程的管理思想。流程再造的主要模式是以业务作业流程为中心、打破金字塔状的组织结构，建立横宽纵短的扁平化柔性管理体系，使企业能够适应信息社会的高效率和快节奏，适应企业员工参与企业管理，以实现企业内部上下左右的有效沟通，使企业组织具有较强的应变能力和较大的灵活性。

与海尔一样，美国的通用电气公司也是通过组织结构改革才增强了企业的竞争力。杰克·韦尔奇被称为“全球第一 CEO”，1981 年，当他执掌通用时，公司机构臃肿、等级森严、反应迟钝，正在走下坡路。为了扭转公司的局面，杰克·韦尔奇决定对企业结构进行扁平化改造，将管理层次从8层精简到3层，在薪酬体系改造上，将工资层级从29个级别调整到5个级别。当然，砍掉25%的企业，削减了10多万份工作，将350个经营单位裁减合并成13个主要的业务部门，则更是大手笔的企业扁平化的改造。

与此同时，杰克·韦尔奇强调“无边界合作”。他一直致力于打破公司内部的各种障碍，加强自上而下、自下而上和跨部门的团队工作，改进公司内部的协作以及与供应商和客户的合作关系。通常，全世界每天有数十亿美元被浪费在组织间缺乏沟通即互相竞争上面，而这些组织本该为共同的目标而努力，为客户创造价值。因此说，杰克·韦尔奇强调的“无边界合作”，正是企业组织与外部环境之间扁平化的最好例证。

从海尔和通用的组织结构改革过程中，我们发现，组织扁平化不但能节省开支，更重要的是改善了管理的功能。扁平化不仅是为组织节省了费用，更加速了组织内部的沟通，将原本就属于企业的“控制”与“责任”交还给了企业自身。

扁平化管理是现代企业组织管理的趋势，它给企业带来的好处多多：管理跨度加大，冗员被削减，业务流程优化，人员素质提升，管理重心下移，应对市场敏捷，信息传递快捷，管理水平改善，管理成本下降，交易费用节约，企业效率提高。

3. 东方亮了再亮西方

企业走多元化发展道路是大势所趋，但在走多元化道路之前应该先将自己熟悉的老本行做好。待企业做强、做大后，再加入与该行业相关的领域进行经营，这样才能降低投资的风险，最终成为行业的龙头。

张瑞敏名言

我们从不讲东方不亮西方亮。我们的原则是进入一个新的行业，做到一定规模之后，一定要做到这个行业的前三名。与其搞一大批中不溜儿的企业，不如搞三四家最大的企业。

专注是成功的前提。一门心思做好一件事的人，往往会获得真正的成功。企业的多元化也是一样，应该先把自己熟悉的行业或产品做好了，再考虑向别的方向发展。

张瑞敏经历

张瑞敏是一个脚踏实地做事的人，一件事做不好，他绝不好高骛远地去涉及其他，在他看来，人只有专注于自己的老本行，才能做出点名堂。

张瑞敏回忆20世纪80年代初洗衣机市场的状况时说："在1983和1984年，国内洗衣机市场正处于方兴未艾的形势下，我厂也是门庭若市，客户络绎不绝。但一夜之间市场巨变，产品滞销，造成大量积压，企业陷入困境，亏损147万元。我于此时调任该厂厂长，我们根据对企业内外环境分析，认为洗衣机暂时的热销靠的是市场存在的供需大缺口和用户购买心理不成熟带来的盲目性。现在市场饱和，竞争呈白热化，由于我厂产品质量不过硬，品种单一，在市场上没有主动权，无力与名牌产品竞争，于是便很快败下阵来。"

由于当时国内的洗衣机市场，已由买方市场转为卖方市场，于是张瑞敏接手海尔后，对市场进行了仔细的分析。在经过详细的市场调查后，张瑞敏得出结论：国内的洗衣机市场已经处于饱和程度，但电冰箱市场却大不一样。国内电冰箱行业尚属起步的阶段，在家庭中的普及率还不是太高，随着生活水平的不断提高，人们对电冰箱的需求将会越来越大，所以张瑞敏毅然决定：退出当时的洗衣机市场，工厂将只生产电冰箱一种产品。

在这一决策出台前，工厂已经生产洗衣机很多年了，积累了丰富的经验。因此，张瑞敏的这一举措，引起了不少人的争论，大多数人认为：按当时工厂的实力来讲，如果放弃洗衣机再做其他的产品，不见得就能做好。而张瑞敏却坚持——“东方亮了再亮西方”。以当时市场对冰箱的需求来看，冰箱完全可以使面临亏损的工厂翻身，只要工厂能够先把冰箱这一种产品做好了，就可以打开市场，树立起自己的品牌，而后再做洗衣机这个饱和市场产品，逐步地扩大企业的规模。

此后，在张瑞敏的领导下，1984 年到 1991 年，7 年的时间里海尔只专注做冰箱一种产品。1991 年，海尔的冰箱产量突破了 30 万台，产值突破了 5 个亿；在全中国 100 多家的冰箱企业中，海尔是唯一一个产品无积压、销售无降价、企业无三角债的企业，并且在全国的家电行业中唯一入选“中国十大驰名商标”的也是海尔的商标。

在冰箱领域站稳脚跟后，张瑞敏决定向相关领域进军。1997 年 9 月 5 日，海尔以推出彩电为标志，开始进入黑色家电领域。在国内彩电市场陷入价格战误区的时候，海尔以先进的技术独创一个新市场。海尔的目标就是通过从整体上提高彩电的技术水平，使整个家电行业进行综合性的优化重组。

张瑞敏说：“把自己最熟悉的行业做强、做好、做大，在此前提下进入与该行业相关的产品的经营。我们最开始是做冰箱的，从 1984 年到 1991 年，海尔老老实实地把冰箱做到全国最好，然后由冰箱扩产到空调、冷柜、洗衣机等等，这些产品都没有脱离家电这个行业。现在我们从冰箱最好扩展到整个家电行业最好，然后在立足家电行业的基础上，用资本运营筹集来的资金发展其他产业。”

很多企业盲目走多元化发展道路，结果不但新业务没有做好，连自己的老本行也耽误了，最后只能灰溜溜地退出市场竞争。其实所谓“东方不亮西方亮”，这边赔了那边补，这种观点并不是一个万全的发展战略，它对企业有很高的要求，同时也存在多线作战、分散精力的危险。

企业如果想成为百年老店，应该专心致志地做好一件事，在做好这件事之后再去专心致志地做好第二件事，这样企业才走得平稳、走得踏实。

海尔坚守“东方亮了再亮西方”的战略原则，不但成功地绕开了多元化的陷阱，还使多元化成了企业扩张的途径，帮助海尔在竞争中赢得了优势。

成功启示

不少企业在走多元化发展道路时栽了跟头，原因就是盲目地进入、盲目地跟风，到头来在自己不熟悉的领域吃了大亏。他们总是认为“别人能赚钱，我也能。”，但他们忽略了自己对那个领域并不熟悉，这直接导致了企业最后的失败。

海尔之所以多年来一直以强势的发展势头傲居行业领袖的位置，原因就是：他们相信，进入其他领域时必须要经过“理性”的决策和分析，同时也不要忘记，离自己熟悉的行业越远，所谓的“理性”就越会大打折扣。

因为盲目地进入其他行业，遭到巨大失败的例子举不胜举，其中也不乏一些世界知名的大企业。这些大企业尚且如此，那些普通的企业在实施多元化战略时难道不该谨慎行事吗？

在20世纪80年代末期，曾赚得天文数字、稳居电子消费市场前列的索尼公司突发奇想，一度打算大举进军娱乐事业，希望将其电子产品的优势，配合娱乐事业，创造一个比迪斯尼更大的集团。

虽然索尼是娱乐界的外行，但是它已经是成功的企业，所以在进军好莱坞前也做了大量的前期准备工作。他们的计划做得十分详细，但是，他们忘记了管理娱乐事业不同于电子产品制造。同时他们也忘记了日本人的管理模式与美国具有强烈个性的娱乐事业非常难以配合，最后导致自己陷进了泥潭，出现了严重的亏损。

索尼在进军娱乐界受挫的同时，在其他领域也遭遇到了竞争，公司原来的优势产业——电子业务也在这一错误的战略决策的影响下显露颓势。手机方面已落后于诺基亚、摩托罗拉和西门子，笔记本电脑方面逐渐败给NEC和富士通，DVD方面则落后于松下，数码相机和彩电领域的情况也不容乐观。

最后，这个昔日的电子巨人几乎因为横跨娱乐业而身陷泥沼不能自拔，直到1997年才摆脱窘境。

对于“先专注自己的主业，然后再向外拓展”这一观点，比尔·盖茨曾发表了自己的观点，他说：“不管在任何时候作决策都不要忘记冷静，不要去做任何自己不擅长的事情。”

市场经济虽然在本质上还是一种有序经济和理性经济，但市场经济也属于竞争经济，竞争在给经济带来进步和繁荣的同时，也带来了风险和很多的不确定性。企业要扩大经营领域，必须理性决策，稳步而有序地发展，必须像海尔一样“东方亮了再亮西方”。

很多企业现在都面临是否走多元化发展道路，多元化作为经营战略和方式而言，其本身并无优劣之分，但其成败的关键在于企业所处的外部环境及所具备的内部条件是否符合多元化经营的要求。企业如果想走得稳、走得顺，科学的思路就是在突出核心竞争力的基础上，逐步发展2~3个具有一定规模和相当实力的项目，形成对主业的强大支持，主业与多元化经营协调发展才是企业正确的发展思路。

4. 要打就打价值战

商品是否吸引消费者的目光有很多因素，价格是其中之一，但不是最重要的因素，如果产品真的物有所值，即使其价格比同类商品高也会获得消费者的青睐。

张瑞敏名言

海尔不打价格战，要打就打价值战，让产品如何最大程度地满足客户的个性化需求，让用户觉得花钱花得值，而不是一味地靠低价取胜。

打价格战从表面上看是存在库存的压力，但是从本质上看，就是企业的观念、思路、组织结构有问题。因为他们把企业与市场完全割裂开来，还是按照计划经济的思路，企业做什么产品，就在市场卖什么，而并没有注重到用户的需求，所以产品积压下来，形成库存，最后还得降价出售。

如果一个企业定位不是在为用户服务，与其他企业没有形成差异，这个企业必定失败。

张瑞敏经历

中国企业善打价格战，这是众所周知的。但在这些喜欢打价格战的企业中却没有海尔的名字。从海尔成立至今，它都不是以价格的优势在同行业竞争中取胜，反而以其卓越的品质独领风骚。

21 世纪初期，中国的家电企业开始了大规模的价格大战。自从长虹降价跃居彩电业的霸主，格兰仕降价一举获得微波炉的领军地位之后，价格之争就被家电行业演绎得如火如荼。而这场价格大战到了 2001 年的时候，更是打到了高潮：自从 3 月份空调市场率先掀起了价格大比拼，先是市场上出现了 500 元的空调，接着又有了 5 角钱的吸尘器，各大商家都开始了风风火火的降价促销活动。这场价格战愈演愈烈，6 月份，格兰仕又推出了近乎疯狂的“买一赠十”的促销活动，彩电业更是出现了“论斤卖”的笑话。

这时的海尔在干什么？张瑞敏面对此次价格大战又有什么样的应对措施呢？张瑞敏认为，价格并非是吸引消费者的唯一因素，也不是最有效的因素，消费者想看到的是一个高品质、符合自己需求的产品。正是基于这一思想，在这次价格战中，海尔采取了不参与的态度，始终坚持“品牌为先”，将价值战进行到底，因此海尔被称为是中国家电业的最后一个“高价堡垒”。

张瑞敏不参与的理由是，家电企业价格战打得很激烈，原因是在市场发育阶段，总会有一个无序的价格战阶段，这个阶段应该是正常的，但在中国却是不正常的。无序的价格战过后，应该是有序的市场秩序，但在中国无序的价格战之后，仍然是无序的竞争。

曾有记者问张瑞敏：“如何看待家电企业打价格战的问题？海尔坚持不打价格战，你们有什么法宝?”

张瑞敏回答说：“如今，经常出现的家电产品价格战，许多企业大打价格战，目的是让利不让市，其实，打价格战、搞降价就是企业危机的前兆，因为降价的动力来自于库存的压力，你不去研究为什么产生库存的问题，而是通过降价来解决问题，只能是火上浇油。所以说，我们的做法是，研究需要什么，研究用户为什么会买你的产品，然后通过市场开发，进行市场细分，再着手技术开发，来生产满足用户的个性化需求的产品，这样海尔就可以不参与价格战。到现在为止，海尔产品就没有参与价格战。而且，销量还持续增长，利润也在持续增长。所以我们叫做不打价格战而打价值战，这个概念对于一个企业来讲非常重要。”

今天的家电市场，由于制造家电的原材料比如钢材、铜板、压缩机等物资的涨价，再加之出口政策调整、出口价格走低等因素，利润出现了下滑，像微波炉，利润还不到3%；空调的利润更是大幅下滑，2004 年空调存活企业比 2003 年锐减 60 多家。这样狭小的利润空间导致家电产品的降价空间变小，此时，企业如果一味地坚持打价格战，势必有撑不住的那一天。面对如此严峻的形式，中国家电企业要生存下来，只有靠技术创新、靠比拼技术实力赢得市场。海尔在这方面就走在了很多中国企业的前头。海尔在技术创新、服务等方面投入了大笔资金，为的就是和对手打价值战而不是价格战。

成功启示

海尔打价值战的目的是满足消费者的个性化需求，创造用户价值，使产品物有所值。在这一过程中，海尔的品牌价值也得到了增长，海尔的整体实力自然得到了增强。

为了打赢价值战，海尔在两方面作出了努力：一方面海尔按照用户的个性化需求，以最快的速度为用户量身打造满足用户个性化的产品，并通过“人单合一”的市场链改造、应用电子商务平台，实现了资源共享，还建立起了“一切用户说了算”的产品定制系统；另一方面研究技术创新，通过创新能力来提高企业的竞争优势。以最快的速度整合自己的所有资源，以便最大限度地满足用户的需求。

由于海尔坚持“打价值战”而不是“价格战”，目前，海尔的星级服务方面已达到国际先进水平，在用户那里获得了很好的口碑。2000年，海尔空调更是在全国消费服务信誉度调查结果中，获得消费者满意度第一，这都是海尔坚持打“价值战”不打“价格战”的结果。海尔人认为，只有通过持续性服务、产品的创新和造势，才能提升海尔形象，才能提高消费者忠诚度，从而拉开与竞争对手的差距。

面对着竞争激烈的市场经济，各行各业都必须提高自己的核心竞争力。啤酒市场和很多市场一样，已经处在饱和状态，竞争非常激烈，这时，青岛啤酒荣成公司确立了“抛弃价格战，打价值战”的经营理念。

青岛啤酒荣成公司在不断发展壮大的过程中认识到，企业要想在更高的层次上实现新的跨越，就必须打价值战，不打价格战，不断提升竞争实力。随着人们生活水平的提高，消费者购买的是他需要的产品，而不是简单的低价品，消费者看重的是产品的价值，而不是简单的价格。基于这种认识，青岛啤酒荣成公司加大了对质量的投入，酿造啤酒所需的大麦、麦芽、大米、酒花等原料，在各项理化指标达到国家优级标准基础上，还必须保证一定的新鲜度，确保啤酒的质量和新鲜口感。与此同时，他们还在买方市场中创造出独特性、个性化、能满足不同顾客的不同需求的产品，实现产品价值最大化，针对大众消费趋势，开发了10度石岛2008啤酒；针对广大城镇周边及农村市场开发了9度石岛啤酒；研制出具有高科技含量的8度超爽王啤酒，适应了时尚消费群体休闲娱乐的需求。

青岛啤酒荣成公司在打“价值战”理念的指导下，不但巩固了原有的市场，还取得了显著的经济效益。

通常而言，消费者注重的是产品的价值，商家制造的产品应该让用户认为物有所值，所以说，以用户为中心的竞争将是以价值为中心的竞争。像海尔和青岛啤酒荣成公司这种“不打价格战，只打价值战”的经营理念，不仅帮助他们成功地树立了高质高价的品牌形象，还在其开拓市场方面发挥了巨大的作用。

5. 不敢下水永远也成不了游泳高手

市场竞争是一个全球化的过程，进入发达国家有市场竞争，进入发展中国家仍然有市场竞争。真正的世界名牌所进入的市场是不分先进与落后的，就如在世界上不富裕的国家也可以看到可口可乐，关键是企业必须要走进去，只有走出去才有发展的空间。

张瑞敏名言

海尔并不是因为不怕才出去，而是因为想到不出去的后果更可怕，所以才出去。

中国国内没有名牌，如果你不出去，就永远也当不成大学生，就好比你要学游泳，如果你老是在陆上不下水，就永远不会成为游泳高手。

张瑞敏经历

张瑞敏这个人很有责任感，他和他那个时代的人一样，总是把集体的利益放在第一位。在他的心中，中国应该有自己的名牌，海尔的目标就是要成为世界品牌，为国争光。

张瑞敏早已经感到了中国品牌和世界品牌的差距，因此在他从 1997 年的科隆国际家电博览会回国后，立刻提出了“国门之内无名牌”的说法。张瑞敏认为，作为一家中国企业只有走向世界，与世界的强手同台竞技，才算是真正的成功。

张瑞敏是这样想的，也是这样做的，这些年里，海尔为打造世界名牌一直坚持着，它取得的成绩有目共睹。

与张瑞敏的想法相反，很多企业认为，如果想打造品牌，在国内一样可以，为什么一定要出国呢？海尔认为，世界上根本就不存在自我封闭的地理边界，因为现在已经处于全球一体化阶段。一家企业如果在国内市场做得很好，不进入国际市场，那么优势就只能是暂时。张瑞敏说："我以前就有一个观点，国门之内无名牌，在当时招来了很多质疑。现在从全球化的角度看，的确如此。比如我们在国内获得名牌需要有一个很重要的前提，就是改革开放的外部条件创造了一个非常大的市场空间，同时，在国内创名牌的法宝是质量和服务，因为，其他企业不能在这两方面做得更好，我们做到了，而且持续做了下来，在老百姓心目中留下了不可替代的地位，这就是名牌。但这一个优势拿到国际市场上去只是一个必要条件，而不是充分条件。就像到奥运会上参加比赛，质量和服务是'及格线'，却不一能够定拿到名次。我现在思考的是，海尔现在真正面对着切切实实的一道坎：国内名牌如何转化到国际名牌，这是从量变到质变的非常艰苦的一件事！"

海尔以前也曾挂外国商标，但从 1997 年后，海尔的产品全部用自己的商标，张瑞敏认为，只有这样才是真正地走出去。"什么是名牌？别人卖不出去，我能卖出去；别人卖得少，我卖得多；别人卖得便宜，我卖得贵，这就是名牌。"张瑞敏在"麦当劳"全球化身影中，领略到了名牌的真正含义。

张瑞敏知道，海尔之所以在国内发展得比较顺利，原因是中国市场的竞争力不是很强，长此以往海尔的竞争力很难提高。海尔必须走出去，在国际经济舞台上占有一席之地，这样对自己、对国家才有意义。张瑞敏说："对中国经济来说，早一天，晚一天进入世界 500 强并不重要，重要的是中国有一批大型企业可以在国际舞台上竞争。"

走出国门的条件很苛刻，拿洗衣机出口日本为例，通常讲，在国内，一般运行 5000 次无故障就符合标准，可出口日本则要求军用标准是 7899 次，这样的要求是非常苛刻的，但海尔依然按照日本的要求做了，因为他们知道要走出国门，在国际市场上站住脚，这是最好的途径，否则海尔的世界梦永远都无法实现。

很多中国的企业担心世界市场已经饱和，企业走出去后可能已经没有立足之地，因此，在企业是否国际化方面总是犹犹豫豫，无法勇敢地迈出第一步。

看看那些世界级的名牌：可口可乐、肯德基、沃尔玛、索尼、松下、微软等等，在发达国家能看到，在发展中国家也能看到，在不发达的国家依然可以看到，这些品牌是属于全世界的，这就是品牌的意义。只要企业能打造出属于自己的品牌，不愁没有市场，品牌的价值就在于此。

成功启示

在打造世界品牌的道路上，不少企业都遇到过挫折，但海尔没有因此而却步，因为张瑞敏知道品牌的影响力。

名牌和品牌的含义不同，企业在创建品牌的时候，第一步往往是先创名牌，也就是先让产品的名字得到市场的认可，但并不代表市场上主观地接受。而品牌不仅是名牌的延续，更是一种市场主观的认可。也就是说名牌是一种短期的行为结果，品牌则是一种长期行为，作为企业长期运营的保证，它可以赋予企业更多的内涵和精神。

张瑞敏回忆他第一次走出国门的时候，一位德国朋友对他说，在德国市场上，最畅销的中国货是烟花爆竹。他说自己当时听了之后，心里有一种流血的感觉，难道中国人只能靠祖先的四大发明过日子吗？张瑞敏说："那时我就有一个梦想，有一天，由我造出来的产品能在德国市场上畅销，能在世界市场上畅销……"

那时的张瑞敏已经深刻地认识到，走出去对海尔的重要性以及对中国的重要性。一个国家的经济强弱取决于品牌的多少，中国这么大的国家不应该是一个"品牌小国"，而应该成为"品牌大国"。针对当时国内还没有一个世界级品牌的辛酸，海尔勇敢地走了出去。

同海尔一样肩负着为中国缔造世界级品牌的联想也是中国企业走出国门的先锋之一。联想的国际化开始得也很早，前期做了很多准备工作。当进入 20 世纪 90 年代的后期，联想开始把国际化真正地提上了日程，用联想人的话说："联想必须要走国际化。"抛开国际化是联想新老两代人的精神追求外，当时中国 IT 业的发展状况也要求联想必须实施国际化。

联想是中国成立最早的IT公司之一，它的发展几乎与中国IT业同步，但中国的IT业在20世纪90年代后期已经超高速发展，随着发展势头的下降，联想的发展也开始减缓。但联想的股东要求企业保持利润连续增长，而之前联想的多元化之路并不成功，在这种情况下，联想的国际化被提上了议事日程。

正在联想为考虑如何走出国门、真正实现国际化而烦心的时候，IBM适时地出现了。IBM在世界IT领域的地位，着实显赫，如果能通过并购IBM，借助其品牌优势进入国际市场，可谓是联想的上上之选。但联想同时也承担着巨大的风险，许多人都在为联想的这一着儿险棋担心不已。但柳传志和张瑞敏很像，他们做企业的目的都不是单纯为了挣钱，而是致力于“产业报国，为国争光。”最后，柳传志下定决心：必须走出去。他考虑再三得出结论：很多事情不只是成功和失败两种可能，还有及格的和不及格的，如果这次并购IBM的计划有成功的可能，就要勇于行动，即使不成功，得个及格的成绩也是可以接受的。

联想最后成功了，在并购IBM后，它的品牌价值一跃而上，成为世界第三大PC机生产商，也成为中国IT界的第一品牌。

现在，很多优秀的国内企业都在“国门”前徘徊，考虑是否走出去创造真正的国际品牌。但是顾虑让他们止步不前。其实，无论走出去，还是固守国内市场，都有很大的风险。企业如果不走出去寻找更大的舞台，总有一天会因为市场狭小、动力不足而被淘汰。晚出去，不如早出去，海尔为大家树立了成功的榜样。海尔品牌价值的强劲增长充分说明了海尔品牌越来越受到消费者的喜爱，这里的消费者不单是中国的，也包括世界的。

世界名牌的多寡已经成为国力强弱的重要标志，中华民族理应有自己的世界级自主品牌。在这方面，海尔、联想、青岛啤酒等企业起到了很好的表率作用，在他们成功的影响下，国内的各行各业都会将“打造世界品牌”作为企业的目标并为之而努力。相信总有一天，在世界的经济舞台上，将会有一大批中国品牌在那里争奇斗艳，交相辉映。

6. 给“休克鱼”注入强心剂

企业在发展过程中兼并其他企业，扩大自己的规模，这无可厚非。但是兼并硬件后，由于思想、观念有问题而导致被兼并企业停滞不前处于休克状态，这就违背了兼并行为的本意。海尔面对这一问题，通过注入本企业的管理和文化，把原企业里的人的积极性重新调动起来，一来给企业带来了活力，二来让原有企业真正地融入到了本企业。

张瑞敏名言

什么叫“休克鱼”？鱼的肌体没有腐烂，比喻企业的硬件很好。而鱼处于休克状态，比喻企业的思想、观念有问题，导致企业停滞不前。这种企业一旦注入新的管理思想，有一套行之有效的管理办法，很快就能够被激活起来。

在中国的环境下，关键是要给每一个人创造一个可以发挥个人能力的舞台，这样就永远能在市场上比对手快一步。

张瑞敏经历

海尔集团对其他企业的兼并重组，用张瑞敏的话说，它吃的不是“小鱼”，也不是“慢鱼”，更不是“鲨鱼”，而是一种“休克鱼”。

从此，吃“休克鱼”成为了海尔集团进行企业兼并活动的重要理论依据。张瑞敏认为青岛红星电器公司就属于“休克鱼”，海尔要用自己的企业文化激活这条“休克鱼”。

1995 年 5 月海尔的“玛格丽特”洗衣机被评为 1995 年中国市场十大畅销洗衣机。但海尔当时的生产能力根本无法满足市场需求，这时的海尔急需兼并一家底子好的洗衣机厂，扩大生产规模。此时，红星电器公司

“走”进了张瑞敏的视野。青岛红星电器公司曾是我国三大洗衣机生产企业之一，拥有3500多名员工，年产洗衣机达70万台，年销售收入5亿多元。但从1995年上半年开始，其经营每况愈下，出现多年未有的大滑坡现象，而且资产负债率高达143．65%，资不抵债，前景堪忧。

海尔旨在扩大生产规模，红星厂希望扭亏为盈，二者一拍即合。双方在青岛市政府的牵线搭桥下，进行了产权交易，但海尔此次兼并红星厂的成败还是未知数，不少人为海尔捏了一把汗。

红星厂虽然负债累累，可是它在张瑞敏的眼中，除了缺乏现代化管理、市场观念不强外，该厂其他的硬件设备都很出色。张瑞敏认为，红星厂作为一个老牌的洗衣机生产厂家，其设备、技术和工人的熟练程度在当时是非常好的，只要海尔能为其注入所需养分，就能激活这条处于休克状态的鱼。

张瑞敏要如何激活红星这条“休克鱼”呢?

根据一般企业兼并思路，张瑞敏首先应该派去一些管理人员，对红星厂进行一次大清洗，但张瑞敏没有这么做，而是派出了以时任海尔电冰箱股份有限公司副总经理柴永森为首的人员，来到新成立的海尔有限公司，就任总经理兼党委书记，他们要用海尔的文化，来重塑企业的灵魂。

在划归的第二天，张瑞敏派海尔集团总裁杨绵绵率领海尔企业文化、资产管理、规划发展、资金调度和咨询认证五大中心的人员，来到红星电器公司，开始贯彻和实施企业文化先行的战略。“敬业报国，追求卓越”的海尔精神，开始植入并同化着“红星”的员工们。不久，张瑞敏又亲自到“红星”，向中层干部们讲述他的经营心得，解释“80/20管理原则”，灌输“关键的少数决定非关键的多数”这个“人和责任”的理念。张瑞敏还给他们讲关于解决例行问题和例外问题要用不同方法的“法约尔跳板原则”，分析海尔的OEC管理。

张瑞敏所说的管理理念和方法，都是红星厂工人以前从来没有听过的，他们对此感到了前所未有的兴趣。一下子，这些工人觉得与张瑞敏的距离拉近了，也有了自己是海尔一员的想法。在海尔文化的激励下，很短的时间内，红星厂这个老牌的洗衣机厂就焕发了青春。

红星电器被海尔兼并的时候净资产只有1亿，但亏损是2.5亿。兼并后，人还是原来的人，设备还是原来的设备，兼并第一个月亏损700万，第二个月减亏，第三个月减亏，到第四个月赢利100万，实现了转亏为盈。在这一过程中，海尔文化起到了重要的作用。张瑞敏认为“要想盘活资产，必先盘活人”，而要盘活人，文化一定要先行。

成功启示

海尔的“激活休克鱼”作为管理上的经典案例，已于1998年入选了哈佛MBA课堂的案例，成为了其他企业学习的对象。

海尔“激活休克鱼”理念之所以能取得成功，与张瑞敏“以人为本”的出发点是分不开的。人是决定一切的因素，在海尔，从张瑞敏到普通的管理人员都认为人是企业第一位的财富，只有重视人，才能为企业发展创造良好的氛围。

事实上，在企业兼并的过程中，最困难的就是如何转变被兼并企业职工原有的观念，如果转变不过来，就很难做好。张瑞敏认为，海尔的企业文化，最核心的部分体现为对两部分人的尊重：对员工的尊重，对顾客的尊重。世界上最宝贵的东西就是人心，是花多少钱也买不来的。要赢得别人的心，只有拿自己的心去交换。这跟谈恋爱的道理一样。因此，企业的领导人永远也不要以为自己比这两部分人聪明，以为可以驾驭他们。如果这样想，就会出大问题。

联想作为和海尔一样的大型跨国集团，实施兼并也是常有的事。与海尔一样，联想也很重视兼并企业与原有企业的文化融合。对此，“联想教父”柳传志还有更深一步的认识，他认为，文化磨合中最重要的因素在高层，即董事长、董事会和CEO的磨合。这些人磨合好了，下面的员工自然也就融合好了。联想收购IBMPC事业部后，很多了解杨元庆性格和作风的人，都认为他很适合做并购后企业的CEO。但柳传志考虑到整合的必要和加强控制等因素，创造性地让杨元庆担任了一个执行董事长的角色——既不像中国的董事长有很大的权力，但还是要管战略、技术和重要的人事任命。柳传志认为，中国的品牌走出去，就要去追求成为国际品牌，开创国际市场，与国际的管理方式接轨。中国的公司一开始就不能有人与国外公司管理者抢 CEO 的位置，抢的人都没有好处。但如果不抢，又有可能造成中国人不在关键岗位上起到作用。执行董事长模式的诞生，给并购双方的磨合提供了组织保证，也极大程度地降低了因为文化冲突所带来的企业经营效率下降的问题，为并购后联想的顺利发展提供了条件。

海尔、联想等企业利用文化激活被兼并企业的做法给其他企业带来了启示：优秀的企业文化能把那些僵化而固定的资产，转变成为顾客、员工、投资者以及整个社会不断增加价值的取之不竭的源泉。但优秀文化的核心还是人，只有重视人，才是找到了企业获胜的法宝。

7. 没有淡季的市场，只有淡季的思想

从营销学角度来说的话，思想决定了你的营销手段。从理论上说，任何商品在任何时期都有其面对的消费群体，所以“没有淡季的市场”。懂得创造市场的企业，会在冬天选择卖冰激凌，只有“标新立异”才能赢得市场，赢得消费者的心。

张瑞敏名言

没有淡季的市场，只有淡季的思想。我们不是过分地在现有市场中抢份额，而是去另外创造一个市场，另做一个蛋糕，这个市场便是你独有的了。

企业经营目标紧贴市场，不仅意味着适应市场，更重要的是开发市场。因为实际上市场变化非常快，怎么适应也是慢半拍。市场唯一不变的法则是永远在变。

张瑞敏经历

市场有时就像一块蛋糕，如果有两个人就是分着吃；如果有 100 人，就是抢着吃；但如果只有一个人就是自己吃，爱怎么吃就怎么吃。

面对市场这块蛋糕时，所有企业都想分得最大的一块，把其他企业挤出去，但张瑞敏可不这么想，他就是要自己吃。张瑞敏不主张海尔去和其他企业抢市场，而是主张自己创造一个市场，做一个只属于自己的蛋糕。

张瑞敏很欣赏一句话："卖冰激凌应该在冬天开业。"一般情况下，任何一个商品，都有它的销售淡季，如何来面对淡季？如果认为淡季就应该卖得少，那么企业肯定不会去创造一个市场。反之，如果企业能在淡季中找到一个属于自己的市场，就很有可能变淡季为旺季。所以张瑞敏常说："没有淡季的市场，只有淡季的思想。"

在家电业有一种说法，叫做"电风扇一转，洗衣机完蛋"。说的是，一到了夏天，家庭主妇们常常用手洗衣服，而不用家里的洗衣机，洗衣机的销售也相应进入淡季。出现这种状况的原因是什么呢？海尔调查发现，当时市场上销售的洗衣机全是 5 千克型的大洗衣机，用它来洗每天少量的衣物，会造成水和能源的浪费。与此相矛盾的是，大城市的消费者习惯于每天都要换衣服，即使不脏也要洗。为了适应市场需求，海尔推出了可进行水位三档调节的 1.5 千克型的"小小神童"洗衣机，它即使洗一件衬衣也能洗。1996 年，"小小神童"在大城市一亮相，立即成为热销产品。在此基础上，海尔又开发出 12 种不同洗涤方式的"小小神童"。从 1996 年至今，"小小神童"已销售 200 多万台。海尔生产的"小小神童"洗衣机能在淡季热销，被称为家电产品开发上的一大奇迹。在张瑞敏的"蛋糕论"的指导下，海尔不仅做了一块新蛋糕，而且将竞争对手甩得远远的。

著名的管理大师彼得·德鲁克说过："好的公司满足需求，伟大的公司创造市场。"

2002 年，张瑞敏根据市场的变化，提出了"创造市场"的战略思想。张瑞敏说："市场永远在变，如果只是适应市场，你可能永远落在市场后面。想走在市场前面，起导向作用，就应该创造市场、创造用户。"

以空调市场为例，早在20世纪90年代，我国的空调市场就已经由“卖方市场”转向了“买方市场”。1996年以后，全国已有30%的空调器生产企业因销售困难而出现效益下滑或亏损，很多企业因此加大了限产力度。这时，海尔的市场如何呢？自1997年2月份开始，海尔空调公司就加班加点，尽可能地扩大生产，以满足市场需求。仅1~5月的销售收入就超出了上一年的全年总和，产量比上一年同期增长了496%，但产品仍供不应求。

为什么海尔的空调市场没有饱和？时任青岛海尔空调器有限公司总经理的梁海山认为：“道理很简单，空调器短缺时，人们能买到就行；产品丰富了，人们先选取物美价廉的；质量、价格都差不多了，人们开始挑牌子响的；牌子都叫响了，人们又瞄准了服务最好的……总之要盯住消费者这些无穷尽的需求，他们决定了市场的张力。就像菲利普·科特勒说的那样：‘营销管理实际上是需求管理’。”

创造新的市场永远是独占市场的唯一途径，但这需要企业有创新的思维，有新颖的理念，如果失去创新意识，那企业只有跟在别人后面的份儿，随时都存在被挤出市场的危险。

成功启示

海尔提出的创造市场的内涵是要以自己的优势另外创造新的市场，他们希望重新做“一块蛋糕”，通过创造市场、引导消费者来领先市场。张瑞敏说过：“市场需求是创造的，要想去创造，就要去创造有效供给，因为如果说有效需求不足，可以把所有的原因、所有的责任推到市场上去；如果说有效供给不足，则一定是自己的问题。如果说是自己的问题，就要去市场上寻找用户的心理需求。所以创造有价值的订单不仅仅是产品本身，还包括服务。”

在张瑞敏“蛋糕论”的指导下，海尔各个事业部都以创造市场为宗旨，均以富有特色、用户满意的新产品制作了更大的蛋糕。海尔空调事业本部推出了“小超人”变频一拖二空调、“帅英才”2P家用柜机系列空调；冰箱事业本部推出了中国第一代宽气候带电冰箱、中国第一代保湿无霜冰箱、中国第一代全无氟电冰箱；洗衣机事业本部推出了超薄洗衣机、滚筒双动力洗衣机以及不用洗衣粉的环保洗衣机等等。就是在这些层出不穷的新产品的保证下，海尔各种产品的经济效益得到了稳步增长。

下面的这个很多人都耳熟能详的故事充分地阐明了什么是创造需求、创造市场：一家制鞋厂，打算到南太平洋岛上去开发皮鞋市场。他们派去了两个营销员。第一个营销员一上岸，看到大家都光着脚，他得到一个结论：这个岛上大家都不穿鞋，所以说没有市场。第二个人看到的同样是大家都光着脚，但是他得到一个结论：这个岛上的人都没鞋穿，太可怜了，市场潜力很大。第二个人分析了这样的一个形势：那个地方现在对鞋还没有现实的需求，那是因为自己的商品还没有摆在当地人的面前，如果他们看见了商品，体会到穿鞋的好处，需求自然就出现了。想到这里，他本人决定留下来做市场。其实这就叫创造需求，只要把需求创造出来，市场就可能非常巨大。对于一个新创造出来的市场而言，是不分淡季和旺季的，因为这样的市场还没有竞争，产品的销售量当然不会因为所谓的淡季而受到影响。

无论是“创造市场”还是“做一块蛋糕”，这样的概念都有垄断的味道，但是企业如果想在激烈的市场竞争中生存下来，就必须有一块真正属于自己的市场，染指它的人越少对企业自身就越有利。海尔就是着眼于把消费者潜在的需求转化为现实的市场需求，从而创造出一个个“海尔市场”。

8. 品牌就是命牌

简单地说，品牌就是企业的“命牌”，是企业的生命，品牌可以带动企业的多元化经营。但品牌和所有有生命的东西一样，是一步步成长起来的，不是按照主观意志随便捏造出来的。打造品牌时必须要有一个清晰的目标，这是品牌管理的基础。“目标管理”是品牌的基本管理。

张瑞敏名言

资本是船，品牌是帆。

运营好资本可以造更大的船，但是船大了，能不能开得动、开得快，要靠帆。没有品牌做帆，船就没有动力，没有方向，所以必须运营好品牌，也就是帆，才能达到胜利的彼岸。

张瑞敏经历

张瑞敏对品牌的认识比其他的中国企业家都深刻，他知道没有品牌，就没有市场，而没有市场，市场经济就没有什么意义了。资本运营的最高阶段是品牌的运营，如果没有品牌这个帆，再大资本的船也不会有速度，也不会迎风远航。所以企业领导者不能忽视品牌目标的设定和品牌的管理。

张瑞敏打造海尔品牌的目标很清晰——成就中国人自己的品牌骄傲。海尔的行动很务实，也很扎实。张瑞敏不急于求成，而是遵循了循序渐进、逐步提高的原则，将海尔的品牌战略分为三个步骤：

1984 年到 1991 年为确立名牌阶段。以 1985 年发生的著名的“砸冰箱”事件为这个阶段开始的标志，1991 年获得驰名商标是这个阶段结束的标志。海尔不仅扭转了过去的被动局面，而且逐步成长为国内著名的企业和驰名的品牌。

1992 年到 1998 年为迅速扩张阶段。这一阶段，海尔先后以“吃休克鱼”为理论根据，兼并了 18 家亏损企业，使海尔企业规模得到了空前的扩张。而且这个时期大力开展了多元化经营，使海尔从一个冰箱企业变成了生产各类家电产品的企业，这个阶段是海尔扩展实力的阶段。由于实力的扩展，海尔品牌的影响力进一步提高，海尔集团成了本行业的主导企业之一。

1999 年至今为国际化提升阶段。在国内，海尔已经成为行业的老大，这时候张瑞敏不失时机地带领其进入新的国际化经营的新阶段。用张瑞敏的说法是“国门之内无名牌”。海尔对自己品牌的要求，也由“品牌国际化”到

“国际化品牌”。这个阶段的主要特点是，不仅把自己的产品打到世界市场上去，而且要在世界各地建立自己的经销和生产机构，海尔提出的目标是“三个三分之一”：三分之一国内生产国内销售；三分之一国内生产国外销售；三分之一国外生产国外销售。海尔初步成为国际知名品牌。

从海尔塑造品牌的三个阶段我们看得出来，品牌的成长不是一蹴而就的，在每个阶段都需要明确的目标和方针。

张瑞敏逐步打造海尔品牌的结果是：1993 年，海尔品牌成为首批中国驰名商标；2005 年，海尔品牌价值高达 702 亿元，自 2002 年以来，海尔的品牌价值连续八年蝉联中国最有价值品牌榜首。海尔旗下的冰箱、洗衣机、空调、电视、热水器、电脑、手机、家居集成等 16 个主导产品被评为中国名牌，其中海尔冰箱、洗衣机还被国家质检总局评为首批中国世界名牌，2005 年，海尔被英国《金融时报》评为“中国十大世界级品牌”之首。

成功启示

企业打造强势品牌必然是以围绕建立丰厚的品牌资产为目标而产生的，在这一过程中，企业一定要结合自身的实际，制订品牌建设的目标和步骤，使企业的品牌创建工作有一个明确的方向，做到有的放矢地减少浪费。

传说在唐太宗年间，有一头驴子和一匹马，它们俩非常要好。有一天，马被唐玄奘选中，去西天取经。17 年后，马率先凯旋，回来看望驴子。老朋友见面，自然非常开心。听马说起一路上的风险和体验，驴子感到非常羡慕，吃惊地说：“太神奇了，这么远的路，我想都不敢想。”而马却说：“其实我们走的路都是一样多的，我在向西域前进的时候，你一步也没停，但不同的是，我有一个遥远而清晰的目标，而你却被蒙住了眼睛，一直围着一个磨盘在打转。”

驴子和马走一样的路程，一个由于目标清楚而天下皆知，另一个则由于没有目标而原地踏步。可见，目标对于指导行动是多么的重要。对于创建品牌而言也是同样的道理，如果一家企业在打造品牌的过程中有明确的目标，制订详细的步骤，那么就知道工作该如何去做，哪些工作该做，哪些工作不该做，也知道哪些工作是为了短期销量但不稀释品牌资产，哪些工作可以提升品牌形象，有利于品牌的长远发展。

百度的李彦宏对百度这个品牌的定位就很明确——一定要成为最好。在这个目标的指引下，李彦宏永无止境地创新，时刻开发目前最先进的技术。在李彦宏看来，众多搜索引擎的存在要求百度必须掌握最高端的技术，否则根本没有机会。

事实也证明了百度对品牌发展的目标和方向有着清晰的定位和理念，是它获得成功的重要原因。2005 年 8 月 5 日，短短几个小时内，百度创造了一个神话——一个年轻的中国互联网公司，以 27 美元的发行价入市，首日最高价冲到了 151．21 美元，成为自 1999 年以来上市首日表现最出色的股票。在所有在美上市的外国企业中，百度上市首日表现最好，由此，它也成为在美国历史上在上市首日表现最出色的 10 大股票之一。

百度在品牌发展、目标定位和品牌塑造方面给很多中国 IT 品牌起到了示范作用，它的成功再一次说明，打造品牌是一项长远的工程，它需要有一个远大的目标、缜密的发展计划，同时还需要企业一步一个脚印地去完成，它不是一蹴而就的事情。

对于品牌目标的管理是品牌的基本管理，没有目标的管理，打造品牌就只能是一句空话。“资本是船，品牌是帆”，海尔这条大船如果不是拉起品牌这个宽阔的大帆，根本无法准确地到达目的地。

9. 只为创牌不为创汇

外国人总是极富嘲讽地说：“中国真是个制造大国啊”，其实他们是在说我们国家不是“品牌大国”，我们没有自己的名牌，只能为别人加工，这样一来我们就会永远受别人制约和“剥削”。许多企业多年来只满足加工出口，卖货换汇，孰不知中国产品之所以在国际市场上是“低档低值”的代名词，在于没有自己的国际名牌。

张瑞敏名言

先创牌，再创汇。

当你津津乐道于洋名牌的氛围时，可曾想过多少曾有口碑的中国名牌已成明日黄花；又可曾发现那些登堂入室的洋名牌，已不是纯粹的舶来品，而是地地道道的用中国人的双手、中国产的原料，在中国地盘上的“中国造”，将国际名牌与低廉成本相结合便意味着可怕的竞争力。

张瑞敏经历

20 世纪 80 年代末 90 年代初的中国，正值出口换汇的高峰时期。此时国家鼓励出口，但这时很多企业出口的目的只是单纯地为了创汇，为国外做 OEM 加工，很多利润被中间商赚去了。正当很多企业为出口创汇忙得不亦乐乎之时，海尔却反其道而行之。张瑞敏认为，对于我们国内企业来说，重要的是创立一个属于我们自己的品牌。如果不创立自己的名牌，企业就成了“世界加工厂”。

当时为了让企业能够多创汇，国家出台了一系列鼓励措施，比如说以免税、年底外汇额度奖励等形式鼓励企业出口。很多企业在这种情况下，根本不考虑自己的实际情况，不管是否能够赢利，都采取一种迎合政府的态度去出口，将大量的原料、半成品倾销出去，低价换取外汇。张瑞敏认为，这种出口再多也没有任何意义。

海尔出口的目的是创名牌，名牌创出来了，再创汇。海尔产品在刚刚出口外国的时候，还没有什么知名度，但是海尔坚持打自己的品牌，试图用高品质的产品征服海外客户。

海尔首次向澳大利亚出口 7000 台冰箱时，海尔提出打上“海尔”自己的品牌，澳大利亚的经销商不同意，他说：“我还不知道‘海尔’品牌到底怎么样，不能打，只能以 OEM 的方式打澳大利亚的牌子。”出于对海尔产品的担心，他还在 7000 台冰箱中留出了 10 台，以便作为返修替换之用。但是三年过去了，这留出的10台冰箱竟然一台也没用上。这位经销商心服口服，主动找海尔要求提高进货量，而且从此全部打上“海尔”的品牌。还有很多国外企业对海尔的产品质量很放心，出高价让其还做OEM，只要不打海尔的品牌，利润优厚。但是海尔没有被利益所诱惑，坚持打自己的品牌，他们认为如果不能展示自己的品牌，出口再多，也是枉然。法国、德国等经销商原来以经营松下等厂家产品为自豪，经销“海尔”产品后出现了“海尔”产品的优势和服务的优势，他们纷纷在名片上打上了海尔的标志。

张瑞敏之所以选择在举国上下忙于出口创汇之际，坚决主张“先创牌，再创汇”，是因为他认为，企业只有拥有在世界上有知名度的品牌，才能在国际市场上获得超额利润，才能为企业的国际化经营和长远发展打下坚实的基础。如果海尔的产品出口时不坚持打自己的品牌，仅仅是以创汇为目的，即使出口量很大，创汇也比较多，但也是获得加工费，利润率很低。

出口创汇和出口创牌并不矛盾，关键在于企业的侧重点。如果企业出口只为创汇，那企业只能是为他人做加工代理，如果企业出口是为塑造自己的品牌，那么总有一天，品牌会给企业带来超值的回报，海尔为我们作出了表率。

海尔依靠知名品牌的影响力，以及健康、环保等世界先进的技术，其产品的出口量一路飙升。特别是在欧洲市场，海尔高效直流变频空调更是得到了消费者的青睐。在2004年，海尔空调出口欧洲同比增长3. 64倍，创下中国历年来对欧洲出口空调的新记录。

成功启示

品牌是企业走向市场的通行证，是消费者选购产品的着眼点，更是企业参与市场竞争的一把锐器。如果一个企业没有自己的品牌，就难以在市场上生存。品牌经营得成功与否，直接影响到企业生产经营的成败。

我国是世界公认的“制造大国”，但我国却不是“品牌大国”。

在中国已经加入 WTO 的今天，在世界经济一体化的现在，面对关税壁垒的消失，中国企业该何去何从呢？关键就是创牌，没有品牌就意味着企业失去了核心竞争力。

深知品牌的重要性，很多企业开始纷纷效仿海尔加入到出口创牌的队伍中。浪莎是中国的名牌企业，虽然它和海尔从事不同的领域，但是它们的目标同样是打造世界名牌。

浪莎集团总裁翁荣弟在接受网易财经栏目记者采访时表示："中国的服装企业要在国际市场上做强做大，就必须从'创汇'到'创牌'。"

中国作为世界最大的服装生产国，每年的服装出口量十分可观，但是创汇容易，创牌实为艰难。瓮荣弟说："没有品牌就意味着我们未来的可持续发展空间不大，我们应该创立自己的品牌，而不只是生产加工，由创汇到创牌，企业在国际市场上才有了核心竞争力。"

浪莎在外贸出口过程中，除了与国际大牌合作，还竭力推销自己的品牌。据资料显示，浪莎 2008 年内销增长了 30%，外贸增长 20%。2009 年其销售额又有增长。翁荣弟说："未来的市场，有着 13 亿人口的中国应该是 NO. 1，所有的国外品牌都会先进入中国，而我们自己的品牌，更应该通过变革来抓住机遇。"

浪莎集团多年来一直很重视品牌建设，随着企业生产规模扩大，国外市场需求扩大，他们深深了解到没有品牌就意味着企业未来的可持续发展，乃至企业的发展空间都不大，所以他们在十年以前就想把商标注册上，在外贸实施过程中，竭力推销自己的品牌。

浪莎今天的发展壮大实际上是来自于十年来品牌的培育，国外品牌、国外的消费者对浪莎品牌的认知度也慢慢培育起来了。所以不管国际经济状况如何，浪莎的品牌永远是存在的，很多忠诚的消费者始终都信赖这个品牌。浪莎认为，创汇很容易，但创牌更重要。企业不能被眼前的蝇头小利所诱惑，应该向前看，一旦创出了品牌，"大利"自然就来了。

很多国内企业都面临着"创汇"还是"创牌"的两难选择，如果企业本着可持续发展的目标，就请不要犹豫，看看那些驰骋在国际市场上的知名企业吧，哪一个不是有个响当当的名字。耐克公司前 CEO 威廉·佩雷说过："你可以没有资金，没有工厂，没有产品，甚至也可以没有人，但你不能没有牌子，有牌子就有市场，当然也会有其他。"

10. 现金流比利润更重要

没有现金流的利润就像是花瓶里的插花，没有根基，很快就会枯萎。要获得长久的生机就要植根于土壤，这土壤就是有价值的订单，这样这朵花才可以长时间地开放。

张瑞敏名言

没有现金流支持的利润就不算利润，没有利润支持的销售额就不算销售额。

资金的问题，最大的考验不在于你投了几个亿，最大的问题在于你会不会被套。国内企业现在最大的麻烦是被商业套住，收不回钱。

张瑞敏经历

中国发展市场经济的时间不长，所以中国的市场和西方市场相比还不是很成熟，尤其表现在无序竞争上。其中家电业的无序竞争表现得更为激烈，不少企业在竞争中被淘汰，除了市场秩序不完善的原因外，企业的资金周转慢、资本回报率低也是主要原因。

海尔在残酷的无序竞争中生存下来，关键就是海尔非常看重企业的资本回报率，重视现金流。

中国家电市场的无序竞争表现在：市场上你挤我，我挤你。很多企业不是针对市场去开发产品，只是生产雷同的产品，造成大量的库存。为了处理库存，企业又陷入到价格战的恶性竞争之中。你杀价，我杀价，而且都有豪言壮语：不怕赔几千万，一定要血战到底。

当然，一个国家经济发展过程当中打价格战是正常的，但是价格战完了之后仍然是无序的竞争就是不正常的，中国市场就陷入到了这种不正常之中了。

为了逃离无序竞争这个泥潭，张瑞敏提出，提高海尔的资本回报率。资本回报率，主要体现在两个“率”上。一个是提高边际利润率；另一个是提高资本的周转率。

简单地说边际利润率就是要有利润。企业到市场上去打价格战，利润在哪儿？降低成本？事实是成本再低还是要花钱，成本降低是有一定限度的。所以说面对价格战，又要边际利润率，唯一的办法就是开发用户需求的产品。也就是要“打价值战不打价格战”。那怎么样打价值战？这又回到企业流程再造。整合全球的技术开发网络，整合全球的人力资源。

提高资本周转率，就是资金要转得更快，这里就涉及现金流这个概念了。什么是现金流呢？它是指公司收到并可用于再投资的现金，它反映了收支的真实发生时间，比利润率更能衡量公司的价值。

在市场经济条件下，钱是流动的东西。原来我们国家上市公司只需要提供两张报表——一张是资产负债表，看你的资产负债率是多少；第二张是损益表，看你企业的利润是多少。后来国家也意识到应收账款是一个非常大的问题，所以现在上市公司必须交第三张表——现金流量表。因此说，现金流量是现代企业管理中最最重要的一个指标，甚至比利润还重要。

在整个生产经营过程中，能够良好地掌控现金流是公司顺利发展的保证。无论是国有企业还是民营企业，资金往往是企业经营发展的瓶颈，赢利必须有充足的现金流做后盾。

海尔十分重视现金流的管理，所以资产负责率是一个指标，但最主要的是资产的质量，或者说是资产的变现能力。所以我们当时痛下决心搞流程再造，就是要先解决应收账款的问题。”

海尔通过现款现货政策、业务流程再造、财务集中管理和创建财务公司实现了对集团现金流的有效管理，这不仅保证了现金流的充裕和通畅，而且还将现金流通过财务公司进行集中运行，提高了现金使用的效益。

成功启示

企业持续运转的动力在于现金流，对于任何一个企业来说，现金流都是最重要的一个环节。一个企业的运营和维持，离不开现金流。现金流一旦被切断，企业倒闭也就在旦夕之间了。

现金流有多重要，看看那些因为现金流被切断而导致破产的企业就知道了。有资料显示，在发达国家的破产企业当中，有4/5的企业的破产账面上有赢利、有利润，就是因为没有现金支付能力，从而导致“黑字破产”。张瑞敏说：“实际上，看一个财务报表，不仅看你的利润，更要看三个数：应收账款，应付账款，现金流。你应收应付账款额很大，该收的收不回来，应付的付不出去。那么企业账面上即便有利润，但是结局还是破产。”

企业的经营状况主要通过资产负债、利润和现金流来反映，它们从不同角度反映了企业财务状况和经营成果。企业的资产负债率和利润历来受到重视，但企业的现金流状况往往被人忽视。企业的资产规模再大、账面利润再多，一旦现金流中断，就会引发经营状况恶化，甚至导致破产。1998年亚洲金融危机时，很多企业都是因为现金流问题受到了很大冲击，比如说香港百富勤公司就是如此。之后，德隆集团、三九集团等企业也因为现金流这一问题使企业的经营状况发生恶化。

如果将一个企业比做人的身体，那么现金流就是维持人生命的流动着的血液。现金的流动性是对企业持有的现金数额及资产转化为先进的能力的机制，流动性的缺乏意味着企业无力承担已到期限的偿款，也难以顺利开展生产经营活动，而生产经营活动又是现金的主要来源和最持久的来源。因此，缺乏现金流就好像人的血液流通不畅，可能导致生病甚至死亡。

可见，现金流是维持企业生命之流。只要有良好的现金流，企业即使暂时亏损，企业的经营活动仍将充满活力。所以，国际上有“现金为王”的说法。当然，企业持有的现金流不是越多越好，太多也会造成资金的浪费。

在现金流的管理方面，戴尔公司是很多中国企业学习的榜样。戴尔实际上已经做到了负营运资本。美国财务中的营运资本，在中国的财务中就是流动资金。张瑞敏谈及戴尔的现金流管理时说："没有流动资金，企业怎么做生意？先把用户的钱拿来，在互联网上你定我的电脑，就先付钱，等于有了付货的延迟期，那我今天拿到你付给我电脑的钱，过了一定时间再付给你电脑，就等于用你的钱在做生意，但你必须是根据用户需求定制，否则用户不会先把钱送给你。我想我们最起码要做到零营运资本，这才是真正可以参与国际大竞争的能力，否则的话你就没有资格。"

现金是企业流动性最强的资产，拥有足够的现金对降低企业财务风险、增强企业资金的流动性具有十分重要的意义。

11. 产融资本要结合

资金不足是困扰很多企业的大问题，当企业发展到一定阶段时，对资金的需求量就更大，因此运用产融结合的方式增强企业的发展后劲已经成为很多跨国集团解决资金问题的重要途径。

张瑞敏名言

从发展的角度看，产融结合不一定能保证跨国公司的成功，但跨国公司一定要成功地进行产融结合。产业资本和金融资本对跨国公司而言，好比一个车的两个轮子。如果没有金融资本介入，产业资本做得再好，企业的车将来也会跑不快。

产融结合对于产业来讲，它对金融的贡献应该是两个，第一是现金流，第二是品牌。如果这两个都不能贡献的话，那么金融部分就很难做。如果我要做得好的话，产业这块的现金流充盈，那我就可以在金融上进行运作。

张瑞敏经历

20 世纪 90 年代，海尔开始实施国际化战略，但资金一直是困扰海尔战略发展的重要问题。所以，张瑞敏开始使用产融结合的融资方式，来增强海尔的发展后劲，渴望其早日成为享誉世界的知名企业。

张瑞敏之所以带领海尔走产融结合的路，原因在于产融结合是资本发展的大势所趋。据调查显示，在世界 500 强中，80% 以上的企业都成功地实现了产融结合的运作。这种通过投资金融业所产生的协同效应，让这些企业迅速提高自己在本产业市场上的竞争力。

学习国际大公司产融结合的成功经验，海尔也成立了财务公司。国际经验表明，以产融结合为特征的财务公司是大企业发育成熟的产物，也是企业在国际化经营过程中降低运营风险和成本的需要。全球 500 强企业中三分之二以上均有自己的财务公司。而我国，因为中国人民银行明确禁止独立的企业法人之间拆借资金。因此，企业集团只有拥有了自己的财务公司，才能名正言顺地在各个子公司间进行资金融通。2002 年 9 月，海尔集团财务有限责任公司的正式成立，标志了海尔集团全面吹响了进军金融业的号角。

海尔集团财务有限公司是经中国人民银行批准成立的非银行金融机构。公司的注册资金是 5 亿元，由海尔集团公司、青岛海尔空调器有限总公司、青岛海尔电子有限公司、青岛海尔空调电子有限公司等四家集团成员单位共同出资组建，其中海尔集团公司控股 40%。

海尔集团自 1998 年开始实施了以提高核心竞争力为目的的业务流程再造后，内部分工更加明晰，更加专业化。在这种情况下，需要海尔财务公司这样一个调控资金的金融工具，以提高集团整体的资金效率。尤其是汇率风险成为制约集团国际化进程的瓶颈，海尔迫切需要一个专门的金融机构来统一管理与运作。财务公司较其他金融机构较宽的业务范围和一定程度、范围的混合经营优势无疑是海尔金融功能发育的最好载体。张瑞敏申请设立的海尔财务公司进一步实现了企业金融创新能力，提高了海尔集团的竞争力。是海尔加入 WTO 迎接挑战的必备手段，同时也是海尔集团迈入新经济时代，冲击500强的加速器，对海尔集团未来的发展有着极为重要的战略意义。

张瑞敏说："海尔集团财务公司一定要办成企业经营运行的提速机，而不是一个提款机。海尔集团目标是将品牌做得更大，而财务公司的金融功能在这方面得到具体体现。我希望财务公司由小到大、由内到外逐渐地做起来，在金融道路上做好。"

2002年，海尔成立了海尔和纽约人寿合资的寿险公司，使海尔的产融结合框架得到了进一步发展。之后，海尔又先后控股青岛商业银行、鞍山信托，长江证券。陆续地，海尔在金融领域已经涵盖了银行、保险、证券、信托、财务公司等业务。由于金融业本身具有良好的资金流动性，产融结合为海尔的资金链加入了润滑剂，加速了海尔资金的融通，为海尔冲击500强提供了前进的资金动力。

海尔进军金融市场是其实现走出国门、打造世界品牌的必经之路，没有强大的现金支援，何谈成为"世界级的海尔"？其实，在国际经济一体化的背景下，产融结合的时代已经到来。中国企业只有加深产融结合，通过多渠道运营资金才能从根本上解决企业的资金困难。重视资本运作的战略地位，借鉴成功的运营模式，并在现实的运作中不断地探索和创新，对我国企业成功地走出国门，成为大型跨国公司有深远的意义。

成功启示

张瑞敏领导海尔走产融结合之路是在我国加入WTO的新背景下发生的，反映出了新的资本运作的方式。

加入WTO之后，我国银行和企业不得不面对经营范围比自己宽广的跨国银行和跨国企业的竞争。面对如此困境，海尔只有采取新的融资方式，才能跟上世界的步伐，接受强者的挑战。

说起海尔为什么坚持要走产融结合的发展道路，张瑞敏提到了美国的GE（通用电气）。他以美国的GE公司为例，阐述了产融结合对于跨国公司的重要性。张瑞敏说："如果从企业的发展过程来讲，GE很重要的支柱就是金融，即资本市场这一块。我们也想把金融作为我们的一个支柱，但是没有做起来，国家不允许企业进入金融系统。GE 的股民对它评分较高，因为有高的回报，回报当中 40% 来源于金融，其他事业的利润率比较低。GE 的业务可以搭配起来，如电器、飞机发动机等，拉动企业在市场上的形象，包括在用户心目当中的形象，在行业中高科技的形象，但是真正的利润要靠金融事业部。”

GE 于 1932 年成立的通用电信公司，该公司成立初期的主要业务是承做购置通用大型家电产品的消费者分期付款业务。30 年代美国经济大萧条中，国会和联邦金融监管当局制定了一系列限制银行从事某些非银行的金融业务，从而为 GE 等非银行金融机构的发展减轻了压力。1943 年，GE 依照《纽约银行法》将业务拓展到其他公司和市场。

20 世纪 70 年代末，GE 开始变得多样化，给房屋制造、二手贷款、商业地产、工业贷款和租约以及个人信用卡提供经费。通用金融的重点是抵押贷款和汽车租赁等传统型消费贷款，并同时涉足交通运输和房地产投资。

20 世纪 80 年代，GE 产融结合的性质发生了一些变化，由过去主要为母公司提供消费信贷服务开始向投资活动转变，并从此步入了一个高速发展时期。GE 抓住了美国金融管制放松的机会，进一步推进 GE 的产融结合，90 年代获得了强劲的发展，使其以制造业主导的经济转变为以服务业为主体的经济。

进入 21 世纪，GE 旗下的金融服务集团分为有着独立业务的四个部分：商务融资集团、消费者金融服务集团、设备管理集团和保险集团。每个集团都有明确的业务范围，财务独立结算，同时受到严格管理。

GE“产融结合”模式就是“交叉销售”模式，即充分利用客户信息资源销售多种产品与服务给同一个客户的销售方式。GE 可以向客户提供购车贷款服务，通用汽车有自己的银行，提供贷款意味着增加业务。对 GE 而言，可以充分利用与客户的良好关系，使客户的价值最大化，省去开发新客户所耗费的时间与费用。GE 每年 1200 多亿美元的收入，其中金融占了近一半。在欧洲某些市场，GE 出售每台汽车获利可能只有 5 美元左右，但是通过售后、租赁、消费信贷等服务，GE 同样可以获得可观的利润。像海尔这样拥有知名度的家电品牌、拥有最终客户的企业采取 GE 此类模式的确得天独厚。

海尔多年来一直以 GE 为学习榜样，但始终未追赶上，张瑞敏认为，一个是时间问题，但这是客观条件，另一个原因就是在产融结合的程度上海尔和 GE 有很大差距。对此，张瑞敏作了如下阐述："如果说仅仅为获取资金的话，现在很多银行对我们的授信额度很大，我们并没有用足。通过进入这个行业，我们可以为自己在全球的公司提供全球化的金融服务。海尔在全球各地有很多公司，对金融服务的要求比较高。比方说，像 GE 那样，资金 24 小时不落地，实行全球化的资金运作；使企业在不同的币种转换的过程当中规避风险，这些都是非常新的课题。另外就是与资本市场的运作结合起来。我们现在 A 股在上海有一个上市公司，但是主要是冰箱，现在扩展到空调的一部分。但我们将来在全球各地会有很多的上市公司，刚刚由国家批下来，我们的手机业务已经在香港主板借壳上市，我说的这个上市是指我们拥有的是一家香港公司，而不是一个大陆公司在香港发行 H 股。"

多年来，海尔致力于将自己打造成"产融帝国"，为的就是搭建一个跨国公司的框架。现如今，企业投资金融业不仅仅是一个新的增长点的问题，而是一个关系企业未来的大问题了。这是一种大趋势，海尔要做跨国公司，进入金融业不代表一定会成功，但要成功一定离不开金融。

12. 物流是企业的第三利润源

企业物流整合，最关键的是要对自身的物流能力进行定位，然后进一步提高自身的物流能力，以获取竞争优势。

张瑞敏名言

如果说资金流是企业的血液，那么现代物流便是企业的肌肉，有了它，企业才能做强做大。

企业不仅要把物流纳入了企业间相互协作关系的管理范畴，而且要求考虑自己的供应商；不仅要考虑到客户的客户，而且要考虑到供应商的供应商；不仅要致力于降低某项具体物流作业的成本，而且要考虑使供应链运作的成本最低。

张瑞敏经历

马克思在《资本论》中指出："资本在流通中的形态变化越成为仅仅观念上的现象，也就是说，流通时间等于零或是接近于零，资本的职能就越大，资本的生产效率就越高，它的自行增值就越大。"

现如今，包括海尔在内的很多企业都已经领悟到了其中的道理，在变幻莫测的商业竞争中，他们率先步入了如火如荼的物流改革之中。

什么是现代化物流呢？与过去物流相比，现代化物流不仅仅是纯粹的功能性的仓储和运输工作，而是物质资料从供给者到需求者的物理性运动，包括信息业、配送业、仓储业、多式联运业和商品交易业。现代化物流是经济、政治、社会和实物运动的统一。它的主要作用是通过时间创造价值，弥补时间差创造价值，延长时间差创造价值。

张瑞敏深知现代物流建设对海尔未来的重要价值，有计划地为海尔的物流管理制订了战略步骤，海尔的物流也是按照张瑞敏规划的蓝图发展前进的。

第一阶段是物流重组阶段：在物流重组阶段，海尔整合了集团内分散在 23 个产品事业部的采购、原材料仓储配送、成品仓储配送的职能，并率先提出了三个 JI（Just in time）的管理，即 JIT 采购、JIT 原材料配送、JIT 成品分拨物流。

第二阶段是供应链管理阶段：在供应链管理阶段，海尔物流创新性地提出了"一流三网"的管理模式。海尔特色物流管理的"一流三网"充分体现了现代物流的特征：“一流”是以订单信息流为中心；“三网”分别是全球供应链资源网络、全球配送资源网络和计算机信息网络。“三网”同步流动，为订单信息流的增值提供支持。

第三阶段是物流产业化阶段：好的企业满足需求，伟大的企业创造市场。海尔物流在拥有了三个 JIT 的速度、一流三网的资源和信息化平台的支持，在不断完善内部业务运作的同时，大力拓展社会化物流业务，目标是以客户为中心，建立起高效的供应链体系。海尔的社会化物流业务分三部分：即社会化第三方采购、社会化第三方物流和第四方物流咨询。

海尔的物流建设取得了预期的结果，同时也为海尔创造了超额的利润。建立现代物流系统之前，海尔占用 50 多万平方米的仓库，费用开支很大。为了配合强大的物流流程，海尔改存储物资的仓库为过站式配送中心，建立了两座中国规模最大、自动化水平最高的现代化、智能化的立体国际物流中心仓库。物流中心仓库面积虽只有 7200 平方米，但它的吞吐量却相当于一个 30 万平方米的仓库，利用效率提高了几十倍。

物流整合给海尔带来了速度上的优势，还给海尔带来了巨大的经济效益。整合前，海尔一年的采购费用约 150 多亿元，采购的商品品种多，供应商的数量也多。但海尔通过物流整合采购，加强采购管理，全球集合竞价，使供应商的数目减少到 900 多家，实现每年环比降低成本 6%。

时至今日，海尔的物流已经实现了信息化，其物流配送网也已经铺设到了农村，遍及大部分的中国。从沿海到内地，从国内到国际，海尔可调配的车辆达到 16000 辆，在全国建有 42 个配送中心，每天向 1550 个专卖店与 9000 个网点运送 50000 多台产品，海尔还与 300 多家运输公司建立了紧密的合作关系。通过多年来对自身的物流业务流程再造与发展，海尔的物流已经从原先的企业物流迈向了社会化的物流，同时物流也真正地成为了海尔的第三利润源泉。

成功启示

发达国家，企业最关注的是人工成本和原材料的节约，即通过成本的降低来提高企业的利润，因此，节约人工和原材料成本这种增加利润的途径被称为企业的第一利润源。当人工和材料成本减低到一定限度时，企业又将注意力转移到扩大产品销售上，即通过扩张销售规模来提高企业的利润，因此，扩大产品销售这种增加利润的途径被称为第二利润源。随着市场竞争的日益激烈，每个企业通过扩大销售规模占有的市场份额终究有限，于是企业开始将目光落到在成本中占有相当比例的物流费用上，于是，通过物流管理减低企业的物流费从而增加企业利润的途径，就被形象地称为第三利润源。

同人们认识其他事物一样，人们对物流及物流管理的认识也经历了一个不断深化、演变的过程。到了信息化时代，企业对物流的重视程度更是到了前所未有的高度。

事实上，海尔对物流的重视在多年前已经表现出来了。当很多国内企业对什么是物流还很陌生的时候，海尔已经因为大力发展物流而受益了

虽然在国内海尔的物流管理水平很高，但和国外一些知名企业相比还有一定的差距。许多企业都是海尔学习的榜样。以沃尔玛为例，它在物流领域的建设和创新，让其登上了世界 500 强企业之首的位置。

沃尔玛的物流业务的指导原则是：百分之百一致和完整的物流体系。沃尔玛要求所有产品从工厂到商店货架的转移过程尽可能保证连贯，“就像一件外衣一样没有缝”。

沃尔玛建立这样一条“无缝物流体系”并不是一件容易的事，这其中包含很多的细节，一旦某一环节出现失误，这个物流体系就会无法达到其应有的作用。沃尔玛从事的是零售行业，它的产品销售量非常大，每时每刻都离不开物流的支持。所有产品必须要不断地流向沃尔玛的商店，如果因中途出现什么问题而停止，就会影响到店内的销售，继而流失客源。

沃尔玛每一家分店都要及时向总部报告货物的运输、配送和对订单与购买的处理，这些数据会通过全球联网的终端系统传送到总部。总部在收到信息后，会对各分店提出相关的订货建议，使所有的沃尔玛分店都可以根据这些建议进行合理变动。所有分店之间建立了根系状的网络，如果沃尔玛的一家分店在星期一上午卖出 100 条某品牌的毛巾，并根据数据库的

显示发现此种毛巾的库存量不足，该分店就可以马上向供货商发出货品补充的要求，这一信息也会在同一时间传送到总部，以便总部依照销售情况作出相应的提议供该分店参考。

对内，沃尔玛保证各分店和总部之间的“无缝”，对外，沃尔玛将这种“无缝”体系延伸至与各供货商之间的关系上，叫零售链接。供货商们可以通过这一体系直接进入到沃尔玛的系统，及时了解到自己的商品销售情况。根据产品在沃尔玛的销售情况，供货商们可以在第一时间了解到哪些商品应该增产，哪些商品应该减产，哪些商品应该提前，哪些商品可以暂缓，从而作出相应决定。这样的体系加快了畅销品的供应，避免了滞销货物的囤积，也可以降低产品的成本，对沃尔玛和其供货商都是极为有利的。

沃尔玛的物流部门进行全天候的运作，而且是每天 24 小时，每周 7 天的运作。不管物流的项目是大项目还是小项目，沃尔玛必须要把所有的物流过程集中到一个伞形结构之下。沃尔玛的物流系统会保证送达到商店的商品与发货单上的完全相同，商店可以直接将货物卸下入库，无需再对商品的种类及数目进行详细的核对，这样又节省了很大一部分的时间。时间就是金钱。沃尔玛的“无缝”物流体系大大缩短了货物在流动过程中需要花费的时间，从而赚取了更多的利润。

实践证明，流通不畅，市场则不活，经济则难旺。在当前信息化、全球化的经济环境中，除去有独占优势的、独特科技的产品之外，商品和服务的竞争已经主要体现在谁能够把东西卖出去，从某种意义上来讲，就是谁能够使流通通畅。因此，哪家企业掌控好了物流，就等于掌控好了企业的血液循环，企业自然能健康发展。

NO.2

企业就像斜坡上的球

企业好比斜坡上的球体，向下滑落是它的本性；要想使它往上移动，需要两个作用力———个是止动力，保证它不向下滑，这好比企业的基础工作；一个是拉动力，促使它往上移动，这好比企业的创新能力。且这两个力缺一不可。

13. 建立一个共同的愿景

共同愿景是一种经营理念，管理者首先要使共同愿景为大家所接受和认同，这样团队就会凝聚成一个拳头，形成一个团结有力的群体。管理者要把共同愿景作为经营理念贯穿于企业文化建设中，要把共同愿景融汇于思想教育中，使其扎根在员工心中，成为激发全体员工主动性、积极性和创造性的动力源泉。

张瑞敏名言

海尔提出了“与狼共舞必先为狼”的口号，提高自身的国际竞争力，以狼的顽强精神和团队合作意识为企业的发展开辟道路。

管理者要理解被管理者的心情。他们需要什么？就是要公平——我的长处你不要抹杀，我的成绩要给予承认。当员工个人的创造性被尊重，个人的价值能够充分实现时，他就具有创业的激情和成就感。

张瑞敏经历

伴随着世界经济一体化进程的不断加快，市场经济的不断成熟，团队精神已经越来越成为企业团队建设和团队管理的关键环节。

如何培养企业团队的精神？首先要为团队设立一个共同的愿景。共同愿景为团队精神建设导航，有了共同的愿望和目标，成员心往一处想，劲儿往一处使，才能同心同德，同甘共苦。

张瑞敏为海尔人树立的愿景就是：“创中国的世界名牌，为民族争光。”这一宏伟愿景又被张瑞敏划分成很多个小愿景，具体到每个人身上就是实现自己的价值。托马斯·J. 彼得斯和小罗伯特·H. 沃特曼在《追求卓越》中说:“人们对生活意义的需要非常强烈……要是一个组织能使我们感受到生活的意义,并因而使我们获得安全感,我们便会在很大程度上心甘情愿地把自己托付给这个组织。”对于一个企业来说,管理者的职责就是肯定员工的成绩,只要员工为用户创造了价值,就去肯定他的价值,这样企业才能得到员工的认可,员工才会主动承担起企业在发展中赋予他们每个人的历史责任,朝着管理者制定的共同愿景去努力。

张瑞敏为了激发员工的热情,肯定他们的价值,经常以各种形式来肯定员工的成绩。为了鼓励员工提出合理化建议,海尔专门设立了“合理化建议明星榜”、“合理化建议奖”、“合理化建议明星台历”等各种荣誉奖励。我们可以试想一下,如果海尔数万名员工平均每个人每个月都能提出一条合理化建议,这将是一个多么可观的数字?这其中又将包含多少能量?

在张瑞敏一系列奖励政策的鼓舞下,海尔的每个人都干劲儿十足,在他们的心中始终有一个理想,就是走出国门,成为国人的骄傲。

1994年4月5日下午两点,一个德国经销商打来电话要求海尔必须在两天内发货,否则订单自动失效。两天内发货意味着当天下午所要的货物必须装船,而此刻正是星期五下午两点,如果按海关、商检等有关部门下午五点下班来计算的话,时间只有三个小时。按照一般程序做到这一切几乎是不可能的,如何将不可能变为可能?此时,海尔人优秀的团队精神显示出了巨大的能量。他们采取齐头并进的方式,调货的调货、报关的报关、联系船期的联系船期,全员全身心地投入到工作中,抓紧每一分钟,确保每一个环节都顺利通过。在大家的共同努力下,当天下午五点半,那位经销商接到了来自海尔货物发出的消息。他感到非常吃惊,继而又从吃惊再转为感激,并破例向海尔写了感谢信,在信中他写道:“我从来没有见过这样一支团队,你们的精神让我感到敬佩,能与海尔合作,我感到很荣幸。”

愿景的作用在当代管理学中争论很多,有的说愿景没什么用,有的说愿景对于企业和团队是非常必要的。其实,愿景对于想做大做久的企业是非常必要的。“愿”就是心愿,“景”就是景象。对组织来说,它是一种意愿的表达,愿景概括了组织的未来目标、使命及核心价值,是组织哲学中最核心的内容，是组织最终希望能够实现的图景。简单地说愿景就是描述一个让所有团队成员都相信并向往的美丽图画。它能给大家指明方向，让大家在行动的时候不迷茫，进而提高每个人的工作效率。

成功启示

一个没有愿景的员工不是一个优秀的员工，一个没有伟大愿景的团队绝不可能是一个有希望的团队，拥有一个共同愿景是团队精神的基础。在美国麻省理工学院，彼得·圣吉博士写过一本对建立学习型企业产生重要影响的书籍——《第五项修炼》，在书中他将建立共同愿景视为五项修炼中重要的一项。

今天，企业的管理者常常会为一些问题所困扰：企业制定的发展规划和目标，总有员工漠不关心；企业制定的规章制度，总有员工与之对抗，这些问题往往成为企业发展和管理上的障碍。随着人们的知识、需求的不断扩张，员工的管理难度也随之增大，如何让员工自我管理等问题也随之凸现，为解决这一系列的问题，就产生了要培育共同愿景，使员工命运与企业命运连接在一起的课题。如果把一个企业比做一个团队，则共同愿景就是团队之魂，也是解决企业管理中诸多问题的根本。

蒙牛乳业集团倡导："市民健康一杯奶，农民致富一家人。"蒙牛的掌门人牛根生常讲，蒙牛的衣食父母是"三民"：市民、农民、股民。市民饮奶，农民供奶，股民投资奶。而其中的农民，是蒙牛"三民情结"中最敏感的一环。蒙牛以化解三农问题为己任，不懈打造"奶源圈"。蒙牛给自己的使命是："百年蒙牛，强乳兴农"，"愿每一个中国人身心健康"。

时至今日，蒙牛已与产品市场的亿万公民、资本市场的千万股民、原料市场的两百万奶农，以及数十万生产销售大军，结成了命运共同体。被誉为"西部大开发以来中国最大的造饭碗企业"。蒙牛从成立至今，已经带动了周边奶农新增奶牛 80 万头，成为农民致富的带头人。这种企业愿景使命的确立，对蒙牛创造 5 年增长 200 倍的奇迹，起了关键的作用。

日本松下电器的创始人松下幸之助曾经讲到，中层经理一旦进入松下，就会被告知松下未来20年的愿景是什么。首先告诉他松下是一个有愿景的企业；其次，给这些人信心；第三，使他们能够根据整个企业未来的发展，制订自己的生涯规划，使个人生涯规划立足于企业的发展愿景。

如果一个企业有愿景，员工就会追随它，而且员工也不会迷失方向。“选择了一个企业，就是选择一种生活”，如果企业领导者可以树立长远的经营目标，就会赢得员工、伙伴和社会的认可。

现在有很多企业往往将企业愿景与社会责任结合，以至于形成企业独有的品牌主张，为品牌带来知名度，引起消费者的注意。据相关调查显示：83%的消费者倾向购买符合环保标准的产品。当不同产品的价格和品质相同，很多的消费者表示，他们会选择购买有社会责任感的企业的产品。如何将企业愿景与社会责任相结合呢？日本最大的玩具公司万代玩具公司的愿景是：“我们公司存在的目的就是要实现全世界小孩的梦想”；海尔的企业愿景也是这样：“创中国的世界名牌，为民族争光”。一个企业，只有当把企业愿景与社会责任结合到一起的时候，才能让企业的社会责任感及善行让大众知道。

企业拥有一个共同的愿景并鼓励所有员工为之而奋斗固然是重要的，但是向心力、凝聚力，一定来自于团队成员自觉的内心动力、来自于共识的理念。企业应该认定一个统一的伟大的愿景，并且逐渐形成大家的共识，要让大家自觉地认同要担负的使命和愿景，并为此而共同奉献，这叫做上下同欲者胜。海尔能神奇般地崛起和茁壮成长，就得益于它的领军人物张瑞敏给其定下的美好愿景对海尔每位员工的激励作用。

14. 日清日毕，日清日高

为了提高企业的生产效率，海尔一直强调用严格、严密的规章制度对每一工序、每一环节、每一个人进行有效控制，把每一个要求具体地落实到每一个人身上。

张瑞敏名言

如果训练一个日本人，让他每天擦六遍桌子，他一定会这样做的；而一个中国人开始会擦六遍，慢慢觉得五遍、四遍也可以，最后索性不擦了！

总账不漏项，事事有人管，人人都管事，管事凭效果，管人凭考核，这就是海尔以人为本的 OEC 管理。

张瑞敏经历

张瑞敏根据海尔和海尔员工的实际情况，制定了一套富有特色的管理方法，即 OEC 管理法。OEC，是英文“Overall，Evrey，Control and Clear”的缩写。其内容为：O – Overall（全方位），E – Evreyone（每人）、Evreything（每件事）、Everyday（每天），C – Control（控制）、C – Clear（清理）。OEC 管理法，也可以表示为，每天的工作每天完成，每天的工作要清理并有所提高，也就是“日清日毕，日清日高”。

海尔的 OEC 管理法的源头来自于张瑞敏的斜坡球体定律。“斜坡球体定律”在海尔被奉若神明，大家称其为“海尔发展定律”，它也道出了企业发展的一般规律。

“斜坡球体定律”的公式是：A =（F 动 – F 阻）/M，张瑞敏认为，日事日毕解决基础管理的问题，使 F 动 1 > F 阻 1；日清日高解决速度的问题，使 F 动 2 + F 动 3 > F 阻 2。

OEC 管理法的具体内容包括区域日清和职能日清，区域日清包括七项内容：质量日清、工艺日清、设备日清、物耗日清、产计划日清、文明生产日清、劳动纪律日清。这七项内容是在各职能人员控制的基础上，由区域内的员工进行清理，并把清理情况及结果填入“3E”卡。

区域日清所要解决的主要问题是：各生产作业现场七项内容的受控状况；发生问题的原因及责任分析；员工当天工资收入测算。

职能日清是指各职能部门对本部门的职责执行情况进行的日清。它含两部分：一是生产作业现场，按“5W3H1S”九个因素进行控制性清理，对发现的问题及时填入相应区域的“日清栏”。“5W3H1S”所代表的含义如下：

What：何项工作发生了何问题；Where：问题发生在何地；When：问题发生在何时；Who：问题的责任者；Why：发生问题的原因；Howmany：同类问题有多少；How much cost：造成多大损失；How：如何解决；Safety：有无安全注意事项。

在实施OEC管理法后，海尔内部的生产秩序发生了翻天覆地的变化。金昌顺是海尔冰箱总装焊接工，他是经过培训上岗的，他一直以来的梦想就是能够当上海尔的“焊接大王”。开始由于他的心急，焊接技术提高得并不快。他的师父发现了他的情绪变化，就开导他说：“任何能力的提高都有一个过程，不要心急，工作效果如果日事日毕，日清日高，每天提高1%，长期坚持下来，就会有几何级数的提高。”师父的话让金昌顺深受触动，从此，他苦练基本功，到处收集废旧的切割管子利用业余时间来练习。功夫不负有心人，他的成长速度一天比一天快，从1996年到1998年他蝉联了三次海尔的焊接明星，成为了真正的焊接大王，如果没有“日清日毕、日清日高”管理方法的督促，可能他很难实现他的“焊接大王”的梦想。

海尔实施OEC管理方法后，生产的每一个环节都井井有条，高效的生产为海尔创造了更大的效益。日本一家公司的老板在参观海尔公司的生产线时，趁人不注意摸了一下备用的模具，竟未见一丝灰尘，他就凭着这一点，与海尔签下了一笔大的订单。

张瑞敏曾说：“什么叫不简单？把别人认为简单的事一次次做下去就叫不简单；什么叫不容易？把别人认为容易的事千万遍地做正确就叫不容易。”“我们的日清管理法别的企业也许做不到，或者做一阵子慢慢松懈下来，因为它是非常枯燥的，一个一个的数据，一张一张的表格，天天清理，天天上上下下持之以恒，不是一件容易的事，而我们坚持下来了。因为大家明白不这样就没法实现创国际名牌企业、名牌产品的目标。”

管理是企业成功的必要条件，但是管理又是一件非常艰苦而又细致的工作，管理水平的高低直接关系到处于斜面的企业是否会下滑，好的管理方法可以作为好的支撑点，使企业稳居斜面之上甚至还会对企业的上升形成推动力。OEC 管理法就是一种能防止海尔从斜坡上滑下来，推动海尔不断上升的优秀的管理方法，在这一方法的管理下，海尔真正地做到了“日清日毕，日清日高”。

成功启示

OEC 管理法是海尔面向执行所提出的一种管理方法，经过多年的实践和改进，成为一种行之有效的管理体系，非常适用于制造企业的车间管理。

OEC 管理法有三个基本组成部分，分别是：目标体系、日清体系、激励机制。目标体系规范了事前确立的工作目标，以用于事后的考核和评估；日清体系是每天完成目标规定工作的过程，其中可以对工作规范和监控措施等进行约定；激励机制是指在达到目标要求也就是完成了日清之后，对员工的工作结果进行奖励，当然，对没有完成目标的员工也应该设立相应的惩罚措施。

从 OEC 管理方法中我们能发现，该管理方法的核心在于以较小的力度完成目标、执行、评估循环，立足每天的工作，并综合每日的工作成果决定员工的绩效。但需要注意的一点是，OEC 管理法是一个螺旋式上升的过程。在完成每个目标、执行、评估循环之后，员工的目标都应该有所提高，即员工每一天都应该有所成长。例如，假设今天员工完成了整理工作现场的日清目标，第二天就不应该以同样的目标进行要求。也就是说员工一旦已经可以完成一项工作，该项工作就不会再被列入日清目标了，该员工已经被视为具有完成该工作的能力以及责任。同时这也意味着 OEC 管理法的目标指定工作不能一味地针对一项工作开展。假如说今天员工完成了 10000 件生产任务，那么明天是否应该要求员工完成 11000 件的生产任务呢？后天是否要继续增加呢？OEC 管理法通常被应用在消除短板，也就是解决已有的问题。举例说明，如果一名员工存在浪费现象，就可以为他制定一个可以减少浪费的日清目标，如果该名员工完成目标就被视为完成了日清目标，与此同时，这名员工在以后的工作中也要继续维持相应的浪费水平，而不应该在其他工作日中增大浪费量。

提倡“日清日毕，日清日高”的企业不只海尔一家，在海尔的影响下，不少企业也开始采用该方法管理企业生产。中国石油广西销售分公司引入海尔OEC管理法，使员工们在较短的时间里学以致用，很快学会了自己管理自己。他们制定了一个《个人日清表》，在表上列出了服务、环境卫生、安全、设备、数质量、交接班、劳动纪律和其他这八项工作内容，一目了然。这张日清表看似简单，但它几乎包括了加油员工的全部工作内容，就像电脑程序一样，全部被输入到员工的脑子里。

以该公司位于南宁市区的金港加油站为例，从一辆轿车进站停稳、熄火到油枪开启前的作业时间不超过30秒。该站共有12台加油机，一天总的提枪率在8000次左右。能够产生如此快的工作效率，OEC管理法功不可没。

在员工工作效率提高的同时，周到的服务让加油站内的便利店的生意也日渐红火起来，与北方加油站内便利店冷冷清清的情况相比，金港加油站内的便利店内人头攒动，生意好得不得了。其实出现这样明显差距的原因与广西这两家加油站实施OEC管理法是分不开的。

OEC管理法实施起来简单易行，特别是在与绩效管理挂钩之后，可以在保证员工积极性的同时不断地提高员工的工作质量。也许员工每天的进步比较微小，不容易看出来，但是日日进步则积少成多。伴随着员工每天的进步，团队也会不断地获得成长，企业的工作业绩自然会不断地获得增长。

15. 员工有错，干部受罚

80/20原则是海尔的一个重要管理原则，即关键的少数制约着次要的多数；干部对出现的问题，无疑要负主要管理责任。

张瑞敏名言

部下的素质低不是你的责任；但是，不能提高部下的素质就是你的责任。

虽然管理人员是少数，但是赋予了职权，就要承担相应的责任。如果领导有了成绩都归自己，出了问题全推给下属的话，就会造成群众离心离德，互相推诿，组织离解体也就不远了。

张瑞敏经历

管理者要管理好员工，必须以身作则，遇到问题时要承担主要责任，否则很难在员工心目中树立威信，也很难管理好下属，更难以让他们去提高自身的素质。

张瑞敏在管理海尔时主张："谁掌握多大权力，谁就承担多大责任。"

这种由领导者承担主要责任的法则也叫"马特莱法则"，又称"80/20法则"，它是由19世纪末20世纪初的意大利经济学家和社会学家维弗烈度·帕累托提出的。本法则从管理学的角度出发，把80/20作为确定比值，提倡要侧重抓关键的人、关键的环节、关键的项目，用20%的人带动80%的人。运用该法则于管理，则是职务越高，责任越大。在海尔，管理始终遵循80/20法则，只要出现问题，首先处理干部。

1995年7月12日，海尔洗衣机有限公司公布一则处理决定，这条处罚规定在海尔的历史上留下了重要的一笔。当时，质检员范萍由于责任心不强，造成选择开关插头插错和漏检，被罚款50元。张瑞敏对哲学很感兴趣，他敏锐地意识到"范萍漏检"所揭示出的哲学命题：偶然当中蕴涵着必然。"范萍漏检"是一次偶然事件，但如果海尔产品的质量如美国GE产品那样过硬，这种偶然就不会发生。而"必然"是什么呢？答案是：管理漏洞。张瑞敏认为，这位质检员所犯错误的背后，存在着巨大的隐患，并非单纯的个人问题。比如说，质检员是否经过了严格的培训后才上岗？其上级是否进行了复查？问题的责任究竟由谁来负？

针对“范萍事件”，《海尔人》于1995年7月19日率先造势，点名提出：“范萍的上级应负什么责任？”此事引起海尔上下的巨大震动，员工们纷纷发表评论，最后达成共识：企业要发展，关键在人才，而人的关键在于干部的水平与作风。什么是干部？“干部就必须承担主要责任”，承担主要责任不是嘴上说说就行了，也不是不痛不痒地自我批评一下了事，而是要动真格的，要有切肤之痛。

最后，此事件的处理结果是分管质量的负责人自罚300元，并作出深刻的书面检查，由此也进一步奠定了海尔文化中的一个重要原则：80/20原则。

很多企业在处理工作中扯皮、推诿等问题时，总是“各打五十大板”，这样做不但不能从根本上解决问题，还让问题不断蔓延，最后酿成大祸。相反，海尔遵照80/20原则，要求管理人员负领导责任、主要责任，所以管理人员不但要挨打，而且要多挨打。在海尔，职务越高，责任就越大，出问题时承担的处罚也就越多。

成功启示

企业能否顺利地经营下去，很大程度上取决于企业的管理者，所以企业的管理者才是企业真正的上帝。管理者可以让一个企业从兴盛走向衰亡，也可以让一个企业从亏损走向赢利。

在海尔，为了发挥各级管理者的潜力，让他们明确自己的责任，张瑞敏主张实施“一把手”负责制，无论出了什么事，是谁的责任，集团都拿一把手是问。张瑞敏认为，只有落后的干部，没有落后的群众。

海尔多年来一直秉持80/20的管理原则，因而打造出了一个敢做敢当的管理团队。在《诠释海尔》电视片中，记者采访了海尔集团时任常务总裁杨绵绵，她是这样解释“工人出错，干部受罚”的。杨绵绵说：“我和张总有意见不一致的时候，那么我就要听他的；同样，我和下级像柴永森吧，也会有意见不合的时候，作为下级，在没有想通的时候，还是按照我说的去做，出了错，上级要负责任。出了错误，如果不是由我来承担责任的话，那他以后怎么照我说的做，我还老是推到他身上去，上推下卸，就叫不负责任；上面推他的领导，下面推他的下级，那他干什么了？他就等于没有。”

在我国的春秋时期发生过这样一个故事，公元前628年冬，秦国在郑国的间谍突然派人回国，向秦穆公报告：“郑国人已经非常信任我了，他们把都城北门的钥匙交给我保管，这是我国出兵的大好机会，如果您派支军队袭击郑国，我们里应外合，一定可以占领郑国，借此扩大疆土，建功立业。”

秦穆公听完报告后喜出望外，决定调动大军，袭击郑国。

有着丰富作战经验的老臣蹇叔却反对秦穆公的做法，他认为这可能是郑国设下的陷阱，坚决反对出师郑国。蹇叔分析说：“秦郑两国路途遥远，我们调动大军长途跋涉，必然精疲力竭，元气大伤。郑国则可按兵不动，精心准备，自然占据上风。而且如此大规模的调兵，郑国岂有不知情的道理？一旦兵败，秦国的威望将荡然无存。”

听了蹇叔的一席话，秦穆公不但不以为然，还坚持己见。他派孟明视、西乞术、白乙丙三将攻打郑国。但战事的结果确如蹇叔所预料，秦军不但掉进了郑国设计的陷阱，晋襄公还统率军队大败秦军，俘获孟明视等三人。幸好秦穆公之女文嬴巧施计策，劝晋襄公放回孟明视等人。

待孟明视三人回到秦国这一天，秦穆公身穿素服，来到郊外，迎接三人，见面时，他放声大哭：“是我不听蹇叔的话，使三位受到如此侮辱，这是我的罪过啊！”之后，他对群臣说：“都是我的贪心过重，才使他们遭受此祸啊！”

秦穆公主动承担了全部责任，感动了群臣。此时，秦穆公如果顾忌脸面，死不认罪，而给三军治罪的话，面子自然可以保住，但从此势必民心不稳，也不会有哪个将士愿为他卖命了，他的江山又如何坐稳呢？

秦穆公勇于揽过的精神与企业经营管理中管理者主动承担主要责任的道理是相同的。管理者较普通员工有更大的权力，当然也要负更多的责任。只享有权力，不担当责任的管理者是没有责任心的人，很难有所作为。如果一家企业的管理层，都是一些没有责任心的人，企业又谈何发展？

其实，管理者就是企业的车头，他们的行为至关重要，在一定程度上，他们就是企业的标杆，员工学习的榜样。所以管理者必须以身作则，在犯错时勇于承担主要责任。只会推卸责任的管理者永远也得不到员工的认可与敬重。

16. 变“要我干”为“我要干”

如果仅仅把员工当做完成任务的生产工具，就会自觉不自觉地陷入了李嘉图的“人是微不足道的，产品就是一切”的思想范畴，造成人的智能、体力、积极性、创造性无法得到充分发挥。

张瑞敏名言

SBU 就是我要干、我会干、我干好。

让海尔的 3 万名职工都成为一个合格的或者说一个比较称职的 SBU，这是我们争取的一个目标，但实现它并不是这么简单。

张瑞敏经历

很多人对上班族的印象是，如果上班不出现迟到、早退或者旷工的现象，那么到了发工资的时候就会将工资一分不少地装进自己的腰包。相反，工资如果少了一分钱，他们就会去质问上级：“为什么我的工资少了？”可是很少人会问自己：“我为什么要拿工资？我给公司创出了什么样的效益？我给公司创造的效益是否高于公司给我提供的资源？如果我创造的效益低，我为什么要拿工资？”

长期以来，为增强企业的长期竞争力，海尔制定了与市场水准相符的工资结构，这样有助于吸引和留住对企业有用的优秀人才。为此，海尔的一切行动都围绕着订单，没有订单就没有目标，没有目标就没有工资。市场工资的依据就是市场目标，而市场增值额则体现了市场目标完成的程度。市场增值额有底数否决线，达不到这个底数就得否决，而不是简单的计划数折算比例；增值额也不是个人自报的，而是由一个公共的信息平台提供、并且由与其有市场制约关系的部门提供；下级完成的数量与上级不完全是汇总的关系，而是一种流程的关系、市场的关系。

海尔的 SBU 就是这样的体制，海尔员工必须找到自己的定位，明确自己的目标要求。员工要学会利用企业给自己提供的平台，为企业创造利润，继而从获得的利润增值中“挣工资”。

在管理中，SBU 是 Strategical Business Unite 的缩写，即战略事业单位，又称战略业务单元。所谓战略事业单元，既可以指一家完全独立的中型企业，也可以是一家大公司或集团内的一个事业部门，只要这个部门能够独立规划自己的经营战略、有独立的经营目标，就可以被视为一个战略事业单元。

而海尔的“全员 SBU 理念”的意思是：不仅每个事业部而且每个人都是 SBU，集团总的战略会落实到每一个员工，而每一个员工的战略创新又会保证集团战略的实现。

海尔 SBU 的市场链机制改变了海尔员工的价值观，员工由企业“发工资”变成了自己“挣工资”，而挣的工资就是“市场工资”。海尔员工的观念由原来的“要我做”，变成了“我要做”。

企业从发工资到员工挣工资，这不仅是名称上的变化，也是企业和员工之间的关系发生了变化。企业员工心态的改变，由“要我做”变成“我要做”，提高了员工工作的积极性和主动经营的自觉性。

绝大多数的员工在工作时都会追求一种成就感，这主要表现在个人财富和个人成长上。如果员工为企业的发展贡献了自己的力量，但是在报酬上没有得到相应的满足，也没有得到重用，那么员工的士气就会下降，最后只能跳槽。即便勉强留下来，也不会像以前那样努力工作了。在海尔，只要员工素质高、能力强，就会得到高的报酬。人才的价值在海尔工资分配中得到了真正的体现，这极大地调动了员工的积极性。

张永劭作为海尔最早的“示范SBU”，在海尔的SBU体制改革中成为明星人物。2002年初，海尔物流推进本部决定试点“SBU”，选中了钢板采购这个比较容易量化的岗位，张永劭也由此成为钢板采购经理。物流推进本部与张永劭签了一份合同，所有钢板采购由他负责。这位不到30岁的小伙子，从默默无闻的普通职员变成了年营业额近10亿元的“公司老板”。

但合同刚签订后，让张永劭担心的事就发生了。2002年国内钢板提价，换成以前，他可以说：“钢板提价，我也没有办法。”但现在，他必须自己想办法完成合同。张永劭说过：“钢板进港了，以前我只管采购，何时拉货与我关系不大；现在我得赶紧联系拉货，因为晚拉一天就多一天港口费用。拉进物流中心，我又得赶紧将钢板发出去，因为晚发一天，就要多交一天仓储费，这些都是由我自己负担的。”一度钢板因运输不当出现了损坏，事业部因此找到了张永劭。为了找出钢板损坏的原因，他跟着司机跑运输，追踪了所有运输环节，硬是编出了一本《钢板运输、装卸、存储指南》，送到每一个运输工手中，将钢板破损率降到零，张永劭也因此得到了相应的“增值”报酬，以后的干劲儿更高了。

瑞士洛桑管理学院教授比尔·费舍尔在考察了海尔的SBU机制后说：“海尔的真正成就在于开创了一种使平凡人不断取得不平凡成就的管理模式。如果这种管理模式能贯彻到底，海尔将成为第一位来自中国的世界级的竞争者。”

薪酬是吸引、保留和激励企业员工的重要手段，是使企业经营成功的影响要素。SBU的提出，是对企业经营主体与员工经营个体之间传统关系的一种终结。企业经营主体为员工经营个体提供发展平台，经营个体自我创造价值。每个员工在成为一个自主经营的SBU以后，都会视自己为股东，不再需要管理者督促工作，而是像总裁一样思考，将企业当成是自己的企业，积极主动去找工作干。

成功启示

海尔的核心竞争力就是要获取用户满意度的最大化，要获取用户满意度最大化，首先要获取员工满意度最大化。而要获取员工满意度最大化很重要的一条是让员工增值。让员工增值的根本途径是让每个员工进行自主经营，也就是“人人成为 SBU”。

人人成为 SBU 的最大好处是：员工们不再是为了老板工作，而是为自己工作，为自己争取尊严工作。海尔的薪酬制度让海尔的 SBU 将自己的命运掌握在自己的手中，而不是掌握在握有生杀大权的管理者手中。张瑞敏曾就 SBU 说过：“我要干、我会干、我干好。我要干，就是 SBU 主动抢目标。我会干，就是 SBU 具备会干的基本素质。我干好，就是 SBU 要用创新的思路完成市场目标。”

日本企业的员工不愿意敲主管的门，因为他们有事不想麻烦主管，害怕主管认为自己无能。美国企业的员工也不愿意敲主管的门，因为他们希望用自己的创意解决自己遇到的问题。这两种做法其实都是为了挑战自我、激发自我、依靠自我，这也是海尔实施 SBU 管理的初衷。

如果想让企业员工产生主动工作的内驱力，必须将他们看做一个独立的战略单元，授予他们足够大的权力，给他们提供发挥能力的舞台，在他们取得成绩的时候给予他们相应的报酬。

浙江方太厨具有限公司在短短的六年时间里，从无到有，由 200 多家吸油烟机厂的最后一名做成中国厨具行业的第二大品牌。除了其二次创业转型成功、父子顺利交接班以外，在人力资源管理方面，方太也有独到之处，这种管理和海尔的 SBU 管理很像，都是将企业划分为独立战略单元，通过自主经营手段激励员工发挥主观能动性。方太根据公司的实际情况，搞了车间承包责任制，把生产部门分成四个车间，也就是四个独立的 SBU，把主要模具工提拔为车间主任，让他们独立承包，并授予一定的权力，如招工权、酬劳分配权等。而这些人的薪酬也与他们创造的市场增值额挂钩，创造的市场增值额高，他们的薪酬就高，反之就低。实质上他们是在通过自己的努力挣工资，因此他们每个人都兴致勃勃、激情澎湃。方太也在他们努力工作的同时，登上了中国厨具行业的第二品牌，而且正在向第一品牌迈进。

在 SBU 这种自主经营的管理模式下产生的薪酬制度无疑是有生命力的，它让企业形成了良好的氛围，这样的氛围，能充分调动企业员工的工作积极性和创造性，激发员工的潜能，确保企业稳定、高速地发展。

17. 准备好杀死自己的“孩子”

海尔要永远追求否定之否定的境界与高度。在市场竞争中，与其让别人来打倒你的产品，不如先自己打倒自己的产品，只有自己不断地打倒自己，才能在市场上永远不被打倒。

张瑞敏名言

生产一代，研制一代，构思一代。

聚焦 21 世纪的新世界，成功的标准已被界定为创新能力，我们的使命则是为世界进步而努力。

张瑞敏经历

海尔集团属于高科技产业，而高科技产业的一个重要特点就是产品更新换代快，如果企业不能跟上行业创新的步伐，被淘汰掉是非常容易的事。因此，张瑞敏说：“在市场竞争中，与其让别人来打倒你的产品，不如先打倒自己的产品，只有不断地打倒自己的产品，才能在市场上永远不被打倒。”

张瑞敏的一席话说出了很多企业领导人的心声，市场竞争就是你追我赶，企业如果连否定自我的勇气都没有，是无法在市场上立足的。

1996年，海尔推出了中国第一台“即时洗”小型洗衣机。这种“小小神童”的洗衣机，添补了市场的空白，成为当年家电业最大的黑马。海尔之所以研发这种小动力的洗衣机，完全是为了迎合消费者的需要。

可是在“小小神童”洗衣机面世并引起热销后，马上就有其他的家电企业去模仿海尔的产品，一时间各种品牌的小动力洗衣机充斥着市场。海尔也因此打过官司，但慢慢地他们发现，与其如此耗费精力地打官司，不如将精力放在新产品的研发上。所以，海尔洗衣机的技术人员并没有在已有成绩面前停下脚步，他们时刻注意倾听市场的声音，注意消费者的消费需求。听到有消费者说“小小神童”虽好，可惜没有甩干功能，于是技术人员立即推出第二代产品，带甩干功能的新型号，立即形成了又一个市场卖点。看到海尔推出了带甩干功能的新型号，其他企业又跟风模仿。就在他们刚刚推出新产品时，海尔的第三代“小小神童”又面世了，功能较二代又有所增加。

此后，不断有新一代的“小小神童”问世，无论是“喷淋手”还是“全瀑布”，每一代都与市场需求密切相关。不等其他企业模仿，新的产品又出来了，截止到今天为止海尔已开发了12代“小小神童”。在海尔不断推陈出新的同时，那些靠模仿和跟风的企业开始还可以勉强跟得上，到后来，只能甘拜下风，连模仿的精力都没有了。事实上，如果没有“小小神童”的不断超越，就不可能有海尔小动力洗衣机的上百万销量。

“生产一代、研制一代、构思一代”，是海尔开发产品的原则。海尔研发产品时以市场为导向，始终保持产品在市场上的领先地位。根据市场需求，海尔冰箱产品平均每隔7.6升就开发一种型号，最小间隔只有1升。在海尔的产品陈列室中，参观者往往看得眼花缭乱，无霜、无氟、节能冰箱，豪华型、普及型、经济型……产品种类繁多，应有尽有。海尔对世界各地不同生活习惯的人们作了细致的调查，设计出来可以满足不同家庭、人群需要的产品，这些产品让人们意想不到，既体贴又实惠。

海尔不断推出新产品的同时就是在不断扼杀自己的“孩子”，不断在否定自己，打倒自己。海尔人认为，只有战胜自己，才能不断挑战更高的目标、不断挑战自我，实现自身品牌的增值、企业的增值。

成功启示

企业创新的过程就是不断自我否定的过程，只为在不断变化的环境中，在竞争越来越激烈的市场中，有自己的一席之地。企业如果墨守成规绝对是死路一条，只有不断创新，才有发展的动力。

很多企业都有过这样的经历；自己花费很长时间，投入大量资金研制的新产品刚刚推到市场上，热销不几天很快就被别人超越了，而且别人是怎样超越的，自己也不知道。导致这种结果的原因就是：企业没有持续创新的意识，也没有否定自己的勇气。如果要摆脱这种局面，就应该从结果出来的那一天，自己否定自己，再开发一种新产品。张瑞敏认为，任何创新的成果都是暂时的、相对的，今天的成果不一定是明天的成果。

微软是享誉世界的知名大企业，而微软取得成功的关键就是不断推出新产品。产品不断地更新换代是多年来微软屹立不倒的经营之道。比尔·盖茨曾说过："每家公司都得不断更新自己的产品。成功的大公司都抢在别人前面淘汰自己的产品。在知识年代里，技术专家与有创造力的人成为公司的财富来源。如果再加上商业管理才能与高度的竞争意识，那么公司就可以在商业领域无往而不胜了。"

微软对本公司已经落后的产品在淘汰机制上是毫不手软的。他们一向是主张自己的产品要由自己的新产品来淘汰。就是在这一理念的指导下，微软的员工大胆地进行产品功能的缺点改进。靠着不断更新产品，不断更新软件的用途，微软把其他的竞争者远远地甩在了后面。

在微软，只要现行产品技术可能过时或被超越，微软便推出新一代产品，让新旧产品同时在市场上竞争。这样不但可以打击竞争者，更可以刺激消费者的购买欲望，创造销售额。例如在微软公司的 DOS 操作系统与图形化 Windows 系统的界面完全结合以后，微软公司依然宣布，停止 DOS 操作系统的进一步研发，让使用者完全享受 Windows 系统的图形化界面。Windows95 被市场认可后，微软公司又宣布不再出售 Windows3. 1，以便把 Windows95 推向使用者。就这样，微软公司，一步步地强迫使用者随着它所拟定的"阴谋"，来使用自己的产品。

比尔·盖茨曾说过："微软从开始起步到现在，从没有在技术上输给任何人，原因就是我们总是能比别人更快地推出新东西。"

不少企业都已经认识到了创新的重要性，但却忽略了持续创新的重要意义。创新，仅仅追求与众不同还不够，必须能够持续地领先竞争对手、领先潮流，只有这样才能一直占据主动位置，成为具有竞争实力的行业冠军。

18. 创新能力是核心竞争力

一个企业的核心竞争力，就是一个企业的创新能力，表现出来的就是非常有效、而对手又无法复制和模仿的东西。

张瑞敏名言

创新是新经济的核心。充分利用了网络技术的企业会比过去跑得更快，但要比对手跑得更快，则必须创新。

创新首先是创造有价值的订单；其次，创新的本质是创造性地破坏，破坏所有阻碍创造有价值订单的枷锁。再者，创新的途径是创造性地模仿和借鉴，即借力。

张瑞敏经历

海尔的灵魂是创新。创新不仅是一个国家兴旺发达的不竭动力，而且也是一个企业持续发展的源泉和核心竞争力。尤其是在经济全球化的背景下，海尔要保持并增强自己的市场竞争能力，必须不断创新。

海尔多年的实践再次表明，谁能在创新上先人一步、快人一拍、高人一筹，谁就能在激烈的竞争中抢占先机、掌握优势、赢得主动。

提起创新，很多人都将其局限在了技术创新上，其实创新的范围很宽泛，包括很多层面的创新。2000 年 2 月，张瑞敏参加了在瑞士达沃斯召开的世界经济论坛大会，并且作了《“新经济”之我见》的主题发言，在发言中，他阐述了自己对创新的看法。

创新首先是观念的创新。为什么？本届大会的格言是最好的诠释：“让我们战胜满足感”。网络使你无法自满，它使距离消亡到零，传统的连续性被打破及传统结构消亡。不能更新观念，无异于自我抛弃。其次是运行模式的创新，包括制度、组织结构等等。企业应成为有序的非平衡结构，内部流程应适应外部瞬息万变的市场。再次是新技术的创新，利用网络优势整合全球科技资源为已所用，以创新技术来创造新需求进而创造新市场。

人，是保证创新的决定性因素。人人都应成为创新的主体。海尔设计的市场链的思路正是体现了这一点。为每个员工提供最大的发挥空间，利用网络的共享信息和组织结构扁平化所带来的最短信息链，经营自我，挑战自我，体现自身价值和创新成果，形成团队合力。

创新是海尔的核心竞争力，从某种程度上说，海尔集团的发展史，就是一部企业自主创新史。1984 年创业时期的海尔，一直奉行“企业的核心竞争力是创新能力”的信念，本着“自主创新”的思路，从消化引进技术到自主创新，直到推行全方位的创新，取得了年年创新、年年发展的丰硕成果。

在管理创新上，海尔从小规模管理转变到“人单合一”的信息化经营。1984 年的海尔，全厂只有八百多名员工，发展到现在拥有数万名员工，在全球建立了 15 个工业园区，生产 96 大门类、15100 多个规格的产品。规模的变化，带来了海尔管理模式的创新。从 1998 年开始，海尔开始实行以市场链为纽带的流程再造，并将这种创新的管理模式定位为“人单合一”。

在技术创新上，海尔力争每个产品必须在行业内保持领先，督促企业所有员工不断实行创新。海尔平均每天申报 1．8 个专利，1．5 天出一个新产品。从建厂初期只生产一个型号的电冰箱到现在可生产 58 个系列

9200多种家电产品，囊括白色家电、黑色家电及米色家电，这里浓缩着海尔集团技术、产品创新发展的历程。

在市场创新上，海尔提出了“只有淡季的思想，没有淡季的市场”的观念，根据这一观念，1996年，海尔推出了第一代“小小神童”洗衣机，一举打破常人夏季手洗衣物的习惯，创造了洗衣机市场的销售“淡季神话”。

在组织结构创新上，在海尔业务流程再造的开始5年期间，其组织机构按形势需要打破了40多次，重建40多次。海尔的业务流程再造，不仅是海尔机构的再造，更有观念再造、知识再造。

在企业文化创新上，海尔不断推陈出新。1996年，海尔将“敬业奉献、追求卓越”的企业精神修改为“敬业报国、追求卓越”。1998年海尔开始实施流程再造，又提出“狮鹿哲学”理念。海尔文化以观念创新为先导、以战略创新为方向、以组织创新为保障、以技术创新为手段、以市场创新为目标，伴随着海尔从无到有、从小到大、从强到大、从中国走向世界。

海尔作为一个中国自主品牌的家电企业，今天已经圆了中国企业走向世界的梦想，让中国企业成为世界级企业，让中国名牌成为世界名牌，让中国的可持续发展引领世界的发展潮流，这是所有中国企业的梦想，也是所有中国人的梦想。在海尔圆梦的过程中，作为企业的核心竞争力，“创新”功不可没，可以说，没有创新就没有今天的海尔。

成功启示

哈佛商学院的唐纳德·N. 苏在其畅销全球的《优秀的承诺》一书中说：“抱着僵化的思路不放，就像坐在陷入泥坑的汽车里还猛踩油门，结果只能是越陷越深！”

事实上，海尔多年来一直领跑中国的家电企业，甚至走出国门赢得了世界的尊重，很大程度上取决于张瑞敏敢于突破常规的创新思维。张瑞敏认识到，企业必须要有自己的核心竞争力，而海尔的核心竞争力就是海尔的创新能力。

什么是创新，创新就是对现有机制的反省，创新就是对现状的挑战，创新就是对自我的挑战。张瑞敏在多年经营管理实践的基础上，提出了一套见解独特的创新理论。在这一创新理念的指导下，海尔以创新为灵魂，在20多年的发展历程中，不断进行战略创新、管理创新、观念创新、技术创新，最终由一个负债累累的小厂，一跃成长为世界500强企业之一。

朱镕基同志非常称道这样一句话，它是重庆力帆集团董事长尹明善自创的座右铭："获利路有三，垄断我无权，投机我没胆，创新求发展。"

重庆力帆的主业是生产摩托车发动机。当年，尹明善以20万元入行，不到7年的时间，资产就上升为18亿，这样一个财富神话的缔造靠的就是创新。时至今日，尹明善在业内创出了八个全国第一，三个世界第一，每天力帆集团销售收入的70%都来自新品。面对有些人提出的"摩托车行业将要成为夕阳产业"的预言，尹明善不以为然，他认为，没有夕阳的产业，只有夕阳的技术，只要企业持续创新，制造业永远是不落的太阳。

1994年是我国摩托车业发展的巅峰时期，这一年，我国摩托车产量达到523万辆，居世界第一。就在很多摩托车生厂商陶醉在喜人的市场销售形势中时，尹明善居安思危，他认为供求关系可能随时出现变化，自己必须"埋伏"下几个新产品，静候局势变化。1995年4月，局势果然突变，中国摩托车市场一夜跌至谷底，很多摩托车生产厂被迫停产。力帆此时适时地抛出"埋伏"已久的新产品，结果市场上供不应求，力帆厂的工人不得不加班加点地生产，以满足市场需求。是创新让力帆脱颖而出，在市场上占据了有力位置。

2001年12月，零点调查集团针对中国企业家影响力进行的调查中，有两项指标引人注目："业内人士认为尹明善最令人佩服的地方"是勇于创新；"尹明善家族企业发展史中值得借鉴的地方"也是勇于创新。力帆有三件宝：创新、出口、信誉好，尹明善将"创新"放在了第一位。

为了创新，尹明善每年都拿出力帆销售额的4%投入到新产品的开发中去，这样大的手笔在中国企业中还不多见。尹明善经常和手下的人开玩笑说："你哪怕是做馒头，也要想办法做出点名堂来，比如在外型上，口味上下点工夫，做出人家没有买过的馒头。"

创新对于生活在21世纪的我们而言，早已不是什么新鲜的字眼，恐怕反而是说得太多太滥的一个词汇。这也从某种程度上说明了，创新已经成为了人们的共识。人们知道只有创新才能发展、进步，离开创新，无论谁都将寸步难行。

19. 人单合一

“人单合一”模式，是海尔在国际市场上取胜的决策模式。企业只有真正实现“人单合一”，才能消灭库存。

张瑞敏名言

人的素质的高低与订单质量的高低成正比。也就是说，人的素质越高，订单的质量也越高，越能获取更多有价值的订单，而且不产生库存、不变成应收。

张瑞敏经历

张瑞敏结合全球品牌战略的要求，对企业内部的管理运营模式进一步创新，在基于市场链的基础上，提出了“人单合一”的管理模式，也就是海尔全球员工都要成为完全自主创新的 SBU，快速反应市场，同时深度发掘市场需求，获得准确的有价值的订单，力求做到在对市场的反应速度和准确度方面有更大的突破。

张瑞敏认为，“人单合一”的内涵，就是每个人都有自己的市场目标。“人单合一”模式，这里的“人”，指的就是“自主创新的 SBU”，“单”，是指“有第一竞争力的市场目标”。订单就是市场，每个人都要和市场结合在一起，每个人的收入都应该和订单结合在一起。“人单合一”就是每个人都要有自己的订单，都要对订单负责，而每一张订单都有人对它负责。其意义是：人要与市场合一，把有竞争力的市场目标和每个员工的市场目标联系在一起，使每个员工变成自主经营的企业成员。

在张瑞敏的商业哲学中，企业员工永远是企业最有价值的资产。而且员工首先必须是有第一竞争力的；其次，市场目标必须是有第一竞争力的——这个目标并非来自上级指令，而是来自员工职责之下自主地寻求与创造。

“人单合一”的竞争力体现在企业运营的全过程。流程中的每个员工都有自己的市场，都要对自己的订单负责，都要创造出自己市场上的第一。比如创造订单的型号经理，就要创造出最有竞争力的产品；获取订单的客户经理，就要获取最具有附加价值的客户订单；生产订单的产品事业部，就要按订单的质量、成本与交货期的要求，以最少的资源完成最大的订单价值。

与此同时，“人单合一”的竞争力还体现在“自主创新的 SBU”的经营能力。张瑞敏说过：“应对国际市场的竞争力，关键要有高素质的人，才能创造高价值的订单。”而一个高素质的人都要成为能创造高附加值的主体，也就是“自主创新的 SBU”。作为一个 SBU，首先要知道自己的竞争对手是谁，自己的市场在哪里，也就是给自己定目标、定实现目标的措施。比如型号经理，要知道创造最高利润的对手是谁，自己要创造的产品的需求在什么地方；而客户经理则要掌握最有竞争力的网络资源的竞争对手是谁，自己要服务的客户是谁等等。这样一来，通过自主创新，企业善于捕捉市场需求的订单并了解市场的变化，创造出与竞争对手不同的差异化产品，最终在市场中体现优势、赢得竞争胜利。

而在“人单不合一”的时候，企业往往会出现大量的库存，压得企业喘不过气来。曾经海尔的销售经理们只关心销售指标的完成，根本不关心仓库是否积压了大量的产品。而“人单合一”后，情况发生了变化。相关部门调整了对销售经理的考核办法：先有客户订单，才能接受销售经理的采购订单；销售经理对所下订单的结果负责，库存损失与销售经理的收入挂钩；下订单时进行评审，有库存的产品不允许再下订单。

“人单合一”是人码、物码、订单码三码合一的全程信息化闭环模式，是解决大规模经营出现的库存和应收问题的有效方法。它使每个人都有一个市场，有一个市场就要有一个订单，而每一张订单都有人为它负责。人和市场紧密地联系在一起，每个人从市场直接获取订单，工厂是根据他的订单进行制造，根据订单发货。如果通过生产线的产品都是有用户的订单，资金就可以快速地回流，而充足的现金就像企业的血液，血液循环正常了，企业自然活力十足。

成功启示

企业要实施全球化品牌离不开企业内部基础管理保障。在解决产品质量、员工素质以及流程效率的基础上，全面进军国际市场所要解决的应该是速度和准确度的问题。这就需要企业内每一个员工都在自主经营的基础上，更有针对性地响应全球各区域市场的需求并能确定出有价值的订单。

“人单合一”，实际上是企业发展过程中在不同阶段的基础上的创新和实践。把人和订单统一起来，用自主经营的创新能力满足自己的订单，从局部到系统，把企业的竞争力体现出来。“人单合一”这一竞争模式，将成为企业全面推广发展模式的根本。通过“人单合一”的竞争模式，能确保企业在全球化发展阶段的竞争能力。

可是并不是所有的企业都能使用“人单合一”的竞争模式，它的实施也是需要条件的。张瑞敏认为应该具备三点：一是观念创新，二是流程再造，三是企业文化。在这里面，人的素质是最主要的。同时，“人单合一”也离不开企业的信息化。海尔总裁杨绵绵说过：“因为世界是平的，互联网改变了信息不对称的格局，所以，海尔把企业的组织结构也变成平的，让每个员工成为平行的终端，怎样才能让所有平行的终端都能赢利呢？海尔用‘人单合一’的模式来推进。”

在以信息化为基础的“人单合一”管理模式下，企业的每一笔订单都能够做到与客户现款现货交易。每一笔订单信息的客户码、订单码、人码自始至终“三码合一”，有效地避免了目前企业界共同面临的库存和应收账款两大难题，保证了企业的良性、可持续发展。

今天很多企业都存在库存积压问题，如果想彻底地解决该问题，让现金能够健康有序地流动，可以效仿海尔采用“人单合一”的管理模式，将市场、订单、人紧密地联系在一起，最后实现创造世界品牌的终极目标。

20. 决策关键在速度

在信息化时代，速度决定着企业的成败。海尔流程再造就要以更快的响应市场的速度来满足全球用户的需求。

张瑞敏名言

“激水之疾，至于漂石者，势也。”这就是说，只要用强势，给予石头足够的速度，它就能在水上漂起来了。

现在进入互联网时代，互联网时代对企业提出来的挑战就两个字——速度。

张瑞敏经历

2002 年 7 月，在海尔的一次内部培训课上，张瑞敏对 70 多位中高层经理提出了一个很像“脑筋急转弯”的问题：“谁知道如何能让石头在水上漂起来?”

张瑞敏的问题一提出，下面立刻人声鼎沸，大家纷纷议论起来。

这时有人高喊：“把石头掏空！”张瑞敏摇了摇头。

“把石头放在木板上！”张瑞敏说，“没有木板！”

“做一块假石头！”大家哄堂大笑。张瑞敏说：“石头是真的。”

这时，海尔集团副总裁喻子达顿悟道：“用速度！”

张瑞敏一听马上露出满意的笑容，并斩钉截铁地说：“对，就是用速度，《孙子兵法》上不是也说：‘激水之疾，至于漂石者，势也。’这就是说，只要用强势，给予石头足够的速度，它就能在水上漂起来。”

为了证实这个问题，张瑞敏接着说：“大家可能都记得，小时候在河边用石头打水漂，石头之所以能在水面上连续跳跃而不沉下去，就是因为我们给了它足够的速度。”

多年来，速度一直是海尔制胜的法宝，在产品研发上海尔追求第一速度；销售上追求第一速度；纠错不过夜也要第一速度；抢订单还是要求第一速度。那么海尔是如何实现第一速度的呢？关键在于流程再造，是彻底的流程再造实现了海尔“激流漂石”的第一速度，同时也将实现“三个零”：零库存、与用户零距离、零营运资本。

“海尔速度”的第一个目标是零库存。海尔通过物流整合，以时间消灭空间，用速度时间消灭库存空间。海尔的仓库只是一个为下一站配送而短暂停留的驿站，所以把它称为“过站式物流”。

“海尔速度”的第二个目标是服务零距离。就是根据用户的需求拿到订单，再以“第一速度”满足用户需求，这个速度将使海尔与用户没有距离。用户通过网上定货，海尔根据订单送货，流程到此结束。零距离是获取订单信息流的关键，企业努力缩短乃至消灭企业与用户之间的距离，获取用户的个性化订单并予以满足。

“海尔速度”第三个目标是零营运资本，是企业将货币转换为实物，再将实物转变为货币的能力。零营运资本，就是流动资金的占用为零。企业在给分供方的付款期到来之前，先把用户的货款拿来。也就是别人先预定付钱，然后再按照用户的订单制造产品，所以就没有了营运资本，也就是流动资金，这就使企业进入良性运作的过程。

速度永远都是企业的保鲜剂，没了速度，企业就会腐烂、变质。比尔·盖茨曾说过：“微软离破产永远只有18个月。”因为按照摩尔定律，18个月后，芯片就会升级，储量也会增加一倍。所以对企业来说破产和生存都与速度有关，如果跑得快，就能掌握自己的生存权；如果比其他人慢了，即使产品生产出来也会变成垃圾。

成功启示

信息经济时代不再是“大鱼吃小鱼”的时代，而是“快鱼吃慢鱼”的时代，企业之间的竞争实质是速度的竞争，是对市场需求快速反应能力的竞争。世界上那些富有创新思想而且勇于实践的企业家早已认识到了这一点。

微软公司总裁比尔·盖茨在其论著《未来时速——数字神经系统与商务新思维》中就指出：速度是企业成功的关键。同样，英特尔公司原总裁安德鲁·格罗夫也说：“归根到底，速度是我们拥有的唯一武器。”实践证明，在激烈的市场竞争中，任何一个企业要想发展，取得较大的市场占有率，必须具备快速响应市场需求的能力，否则就无法在市场竞争中站稳脚跟。

通用电气曾高居世界500强之首，它的首席CEO韦尔奇和他的同事们，每天都在同时间竞赛。韦尔奇凡事都追求速度，讲究效率。他在谈到1989年他们如何仅仅用了三天的时间，就完成了与英国企业GEC联盟的事情时，充满了自豪感。这笔交易在四项业务上提高了通用在欧洲市场的份额：医用系统、电器、电力系统以及输电与控制。

还有一件事也让韦尔奇津津乐道。1995年，通用旗下的NBC仅仅只用了一个周末就以40亿美元垄断了未来六次奥林匹克运动会的独家转播权。韦尔奇非常自豪，自豪的不是未来可能给他带来的利益，也不是交易额的规模有多大。他自豪的是，除了他的公司还有谁可以仅仅在一个周末的时间就可以决定花费40亿美元呢？

现在很多人都有这样一种看法，他们认为，在瞬息万变的竞争环境中，不应先瞄准了再射击，而是先射击再瞄准。这话乍一听似乎没有道理，但它确实道出了一个真理：今天企业作决策，最关键就是速度。海尔从一家濒临倒闭的小工厂，发展成今天著名的跨国集团，其中一个重要的因素就是“速度制胜”。

21. 第三只眼睛盯住政策

海尔在应对每一次环境变化和重大变革时，几乎都遇到了不同程度的阻力和外界不同的声音，但在纷繁复杂的局面下，海尔坚持用第三只眼睛瞄准政策，这让海尔抓住了发展的机遇。

张瑞敏名言

在经济体制转型过程中，国家的政策直接影响到企业的发展定位，因此必须盯住政府的决策；其次，市场法规逐步健全，和政府政策一样，经济法规不仅对企业的发展提出了更高的要求，也为企业的发展创造着机会，这些机会如果抓不住就会稍纵即逝，因此我们必须有第三只眼睛。

中国在加入 WTO 之后，企业更需要“第三只眼睛”，因为危机是时刻存在的，今天是东南亚金融危机，明天是南美金融危机，总归是有危机，如果等的话，企业永远等不到一个发展的机会。

张瑞敏经历

张瑞敏是一个成功的企业家，他具备洞察时事、捕捉商机的素质。普通人有两只眼睛，但张瑞敏被戏称有“三只法眼”，他不但能看清事物的本质，更可以看到事物未来的发展趋势。

张瑞敏的第一只法眼是用来盯员工的。他认为，只有员工对企业认可，才能提高员工的向心力，最大程度地激发他们的潜能。

张瑞敏的第二只法眼是要盯住用户和顾客。他经常关注用户的需求，遵循“用户至上”原则，努力塑造顾客对企业品牌的忠诚度。张瑞敏的第三只法眼是用来盯住国内外的产业政策和机遇，让企业在各种环境下求得生存和发展。

张瑞敏靠他的第三只法眼，抓住了不少的“机遇”，为海尔开拓市场，奠定了坚实的基础。

1984 年，邓小平启动工业经济改革，强调学习国外先进技术和搞活企业，海尔抓住机遇引进德国冰箱先进技术和优质管理，在国内成功地实施了名牌战略。

1992 年，小平同志视察南方谈话发表后，海尔人及时向有关政府部门申请，建立了第一个海尔工业园。这个工业园位于现在的青岛市海尔路，占地 800 亩。开始建设该园区的时候，不但资金短缺，还困难重重。可是张瑞敏灵敏的嗅觉捕捉到发展的机遇，没几年，园区所占的地皮价格就上涨了三倍。

1993 年，张瑞敏抓住中央政府培育发展资本市场的机遇，使海尔股票在上海证券交易所上了市，并筹集到 3．9 亿元资金。

1997 年，海尔又利用国家优惠政策，一下子兼并了 18 个企业。

商场上，机会稍纵即逝，要想捕捉这些短暂但又宝贵的机遇，决策者必须具备超强的观察能力和分析能力，根据不断变化的外部环境及时调整企业的战略部署，做到未雨绸缪。

成功启示

张瑞敏说：“计划经济下，企业长一只眼盯住领导就够了。市场经济下，企业要长两只眼，一只盯住员工，达到员工满意度的最大化；另一只盯住用户，达到用户满意度的最大化。但在由计划经济向市场经济过渡时期，企业还要再长第三只眼睛，用来盯住国家政策。”

员工、客户、政策是三个影响企业发展的重要因素，如果企业的决策者对这三个因素不够重视，或者敏感度不够，很难带领企业取得作为。很多企业家在用人、管人、开拓市场方面都很有一套，但就是看不准政策，为此不是错失了很多机遇，就是没有规避政策的风险。

在“盯住政策”方面，国内另一位知名的企业家——联想掌门人柳传志也很有一套，他和张瑞敏一样都是巧用政策，帮助企业顺利腾飞。

20世纪80年代初期的中国，改革开放不久，国家的政策法律（比如税法、海关法、外汇法政策等）在不断地演变、完善。不少企业因为应对不及，导致犯了严重的错误。可是如果一味地等待法律完善后再动手，那么就会错过很多机会。为此，联想当时的战略就是：“大环境不好就求助于小环境；小环境不好，就试图改变小环境，改变不了的，宁可不做也不当改革的牺牲品。”

为了在用足政策的同时，尽量规避政策风险给企业带来的冲击，柳传志发明了“拐大弯”战略。1988年时的联想初具规模，于是就想生产自己品牌的机器。但国家电子部认为，全国已经有那么多生产线了，谁都做不好，凭什么联想就能做？当时国家还是计划经济，联想属于计划外的，所以国家不批准，不给批文，联想就只能永远做销售，而不能生产。在仔细分析国家政策后，柳传志认为如果等待国家政策调整势必会错过一个绝佳的机会，不如另辟蹊径，换个角度来解决问题。

通过考察研究，联想人发现，如果去香港，与香港人合办一个联想，就可以生产了。于是，柳传志带着32万港币到了香港，经过软磨硬泡，最后成立了香港联想公司。根据国家政策，生产什么产品在香港不需得到审批，企业什么都可以做。香港的股东做代理业务，而大陆这边搞生产，率先生产主机板。1989年，由香港联想研发的“286微机”在汉诺威举办的电子技术交易会上，收到了订单，一举扬名。柳传志用事实证明了，虽然企业会遇到来自政策方面的风险，但风险与机遇同在，只要对政策、法律、法规研究充分，理性地去冒险，就一定能尽量地规避政策风险，让企业发展得更平稳。

很多企业经营者只顾埋头搞管理，费劲心思去挖掘人才，但是却忽视了外部环境的不断变化。今天的中国市场已经不再是计划经济体制了，在转型的过程中，国家的政策对企业的发展方向起到至关重要的影响。与此同时，我国的市场经济刚刚确立不久，很多经济政策和法规还处在逐步完善阶段，这也要求企业必须有快速适应政策环境、规避政策风险的能力。

张瑞敏的第三只法眼很有用，有了它，不但能帮助企业抓住机遇实现飞跃，还能降低风险，避免企业成为政策的牺牲者。

22. 下道工序就是用户

“你的下一道工序就是客户”，细想一想这句话说得很有道理。我们要力争把工作做全，把事情想细，使自己的工作在自己这里首先过关，把好自己这道关，力求减少下一道工序的麻烦。这是一种责任感的体现，对自己的能力也是一种锻炼。

张瑞敏名言

人人都是一个市场——下道工序是你的市场，你又是上道工序的市场。如果你为上道工序遗留的问题付出了劳动，你有权力向他索酬；同样，如果你把问题留给了下道工序，人家也有权力向你索酬。

张瑞敏经历

海尔从事电器制造业以来，一件电器产品，从设计到生产再到销售，要经过多道工序，最后到达消费者的手中。如果你认为由于工序很多，所以每个环节不用斤斤计较的话，那你在海尔是无法生存的，因为，张瑞敏经常告诫每一道工序的负责者：“你的下一道工序就是用户。”

张瑞敏的话意思就是：下一道工序是你的“客户”，决不能把不良品交给下道工序。部门之间也同样是“客户”关系，把不合格品流到下一道工序，就是上一道工序的工作失职。从员工到领导都要认真听取下一道工序的意见，诚恳地进行检讨、改进，这样才能做到“客户”满意。在海尔，各部门、各工序之间总是主动调整工作流程，及时与自己的“客户”沟通，尽自己最大的可能把自己的工作做好，不给“客户”遗留问题。

实现全面的质量测评管理是保证海尔“内部市场”井然有序的有效手段。海尔将156个工序的545项责任进行价值量化并汇编成小册子，这本小册子叫做《质量价值券手册》，海尔员工人手一册。手册中对自检、互检、专检三个环节应负的责任价值及每个缺陷应扣多少钱都给予了明确的规定。质检员检查发现缺陷后，当场撕价值券，由责任人签收；操作工互检发现的缺陷经质检员确认后，当场予以奖励，同时对漏检的操作工和质检员进行罚款。

海尔的质量价值券有两种颜色，一种是红色，一种是黄色。红券用于奖励，黄券用于处罚。在严格的质量监督下，海尔的员工们只有保证产品的质量，保证自己的工序万无一失，才意味着工作尽职尽责。

1992年11月23日，海尔的一位总装质检员在检查冰箱装配质量时发现一台冰箱温控器螺丝没有固定到位，就按缺陷性质和责任价值撕了价值券。质检员的行为引起被查的工人的不满。他不但拒签价值券，而且对质检员出口不逊。当质检员要按“拒签”处罚时，又遭到了这位工人一拳。但海尔没有姑息这名工人的所作所为，而是严格按规章制度给予他通报批评并将其降为临时工的处罚。从此以后，像这样拒绝承担责任的事件发生的次数越来越少，制度也就这样坚持下来了。不久后，工人们发现，虽然每天出现问题马上要受到处罚，并要求立刻整改，但到月底一算，在质量方面的收入反而比以往增加了。

科学的质量管理体系有力地保证了海尔“内部市场”的正常运作。每个人、每道工序、每个部门纷纷将本职工作做到位，绝不为下一环节制造麻烦，这样一来重复劳动减少了，问题少了，企业效益得到了大幅度提高。

成功启示

电器作为极富科技含量的产品，不是简简单单几道工序就能生产出来的。它是在数十道，甚至上百道工序的共同作用下产生的。制造电器的企业如何精密地、严格地监控好这道道工序，做到工序之间像锁链一样咬合在一起，需要企业制定出先进的管理制度。离开管理，一切都是空话。

张瑞敏提出的“下一道工序就是用户”，很好地定位了上下两道工序之间的关系。只要每一道工序能够像对待“客户”一样对待自己的下一道工序，那么“客户”就会很好地配合你，避免相互之间互相推诿的问题出现。

当然，这种“内部营销”理念的实施是需要时间的，也需要有质量测评来监督，以至于能明确地划分责任，有效治理“内部市场”的秩序。

我国某制造公司也积极提倡“下一道工序就是客户，对客户负责”。该厂塑壳断路器车间一班组焊接员工小陈在焊接调试塑壳断路器产品过程中，发现该产品转轴与动触头支架部位有松动现象，立即向检验员反映，停止工序操作，有效阻止了不合格品流入下一道工序。

后来经过仔细检查，发现该批产品共300台，有80余台松动。如果在松动的情况下，产品流入市场，就会造成用户在使用时出现烧坏产品或设备等不良后果。

由于小陈出于对下一道工序负责的态度，及时地发现了问题，避免了重大事故的出现。为此，公司给予了他精神和物质方面的双重奖励，同时对事故的责任人也处以了严厉的惩罚。

邯郸钢铁总厂在这方面做得也很出色。1990年由于经济过热，钢材市场疲软，企业陷入困境。为了走出困境，企业内部创立和推行了“模拟市场核算，实行成本否决”的经营机制。企业各部门独立化，彼此之间的关系市场化，大大提供了企业的运作效率。在广大职工积极的努力下，企业发生了质的变化。实施“内部虚拟市场”前，邯郸总厂利润只有100万元，而实施后的1994年，企业的利润率达到了7．8亿元。并且在之后连续七年的时间里居全国冶金行业前三位。

每一企业都有内外两个市场，如何经营好内部市场，关系企业发展的驱动力问题。

23. 抓住生产过程的每一环节

曾经听说过这样的一个故事，一位成功的企业家曾写下这样一个等式：100 - 1 = 0。大意是一个单位、一个部门就像一部高速运转的机器，每一个员工就像一个部件，一旦失灵，就可能导致整台机器运转失常。可见企业如果不严格控制每一个环节的管理，其结果会是如何糟糕。

张瑞敏名言

高标准，精细化，零缺陷。

没有激动人心的事发生，说明企业运行过程时处于正常，而这只有通过每天、每个瞬间的严格控制才可能做到。

张瑞敏经历

很多人都知道，海尔集团是以高效的精细化管理、优良的产品、优质的售后服务，打开了国内国际市场，赢得了良好的社会信誉，被誉为“海尔现象”。

海尔成功的秘诀就在于“精”和“细”，海尔集团从领导决策、管理制度、人才运用、市场调查分析、产品生产、质量监测、市场营销、售后服务等方面，都体现着精细化的管理方式。张瑞敏要求海尔的生产经营流程每一个环节、甚至是每一个工位都能得到控制。如果我们去海尔的工厂进行参观，就可以看到其精细化管理的程度，海尔员工在工作时每一分钟都是要求被算计在内的，甚至去厕所的时间的长度都被严格地记录下来。

海尔精细化管理最核心的内容是对员工的每一种行为都进行有效的控制，甚至把员工当做是一架可以被控制的机器看待。很多人听到海尔将人当机器使用，会认为海尔太不近人情，但是现代化管理要求必须精细化，否则工作就没有效率，企业就无法减低成本、实施利润的最大化。

海尔的冰箱事业部引进了一套成熟的 SPC 统计过程控制系统，这套设备的特点是设备集成、自动实时。工程师从设备上采集数据，实时利用 SPC 系统进行监控和预警，利用系统非常快速地进行质量追溯，与现有的 SBU 等系统集成，共同构建一个网络的全厂质量控制系统。

海尔在使用 SPC 统计系统后，收到了非常好的效果：全面监控的系统可以直接进行设备采集，极大地调高了数据的采集密度和统计分析的样本容量，以及数据的真实可靠性，真实地反映生产过程的质量状况，有效地利用 WINSPC 系统的预警控制功能，进行科学的预防控制，并逐渐形成规范的质量预防控制体系。实施精细化管理后，海尔的质量废品比应用该系统前减少了 47%。过程参数大大优化，产出率大大提高，改善了生产效率和降低了停机时间，真正实现了对生产过程每一个环节的监控。

毋庸置疑，精细化管理是海尔与国际接轨的重要表现方式。海尔通过有效的制度和有力的执行力度，从上到下，从生产到管理，每一个环节的控制方面都既“精”又“细”，表现出一丝不苟的严谨，真正地做到了环环相扣、疏而不漏。

成功启示

“精细化管理”可以产生效益。但凡一个成功的企业，必定在管理上有其“精细”之处。“精细化管理”作为现代化工业时代的一种管理理念，最早是由日本的企业在 20 世纪 50 年代提出来的，主要出现在大规模工业制造业，如汽车、家用电器等产业中。

精细化管理是建立在常规管理的基础上，并将常规管理引向深入的管理方法。精细化管理强调将管理工作做细、做精，将“精细”这一观念贯彻到企业所有的管理环节之中，以全面提高企业管理水平和工作质量。可以这么说，精细化管理是企业超越竞争者对手、超越自我的需要，是企业追求卓越、实现完美的必然选择。

现如今，很多企业通过精细化管理优化其生产流程、管理流程。“零缺陷”、“标准化生产”、“零库存”、ERP 等都已经成为精细化管理的代名词。同时，精细化管理也被许多知名企业广泛应用，最著名的莫过于日本企业，如索尼、丰田及美国的戴尔等。

以丰田公司为例，据资料显示，2004 年丰田公司虽说只生产了 678 万辆汽车，但三年收益却高达 86．4 亿欧元，利润比通用和福特这两家美国汽车公司的利润之和还高出两倍多，其拥有的证券总值也高于通用、福特、克莱斯勒汽车“三巨头”的总值。日本的丰田公司有什么高人之处吗？其实，丰田公司不会魔术，也没有特异功能，一切都是因为丰田公司“精细”的管理。

丰田最初实施精细化管理时，其他世界汽车巨头都不屑一顾。结果很快该管理方法的优势就显示出来了，丰田公司在质量上把欧美汽车抛在了后面。据参观过美国丰田汽车生产线的人说，在那里，每名员工的前面都有一根绳子，一旦有人发现产品出现了质量问题，只要一拉绳子整个生产线就会停止运行。丰田公司的管理到了如此精细的地步，岂有不成功的道理？从丰田的成功中我们可以得到启示，无论什么样的企业，其主要矛盾的主要方面必然会聚集在管理的精细化上，只有靠精细化的管理才能真正出效益。

从某种程度上说，精细化是一种意识，是一种理念，是一种认真的态度，是一种精益求精的文化。仔细的人在我们的周围随处可见，精细化在我们的实际工作中也无处不在，具体到企业中表现为：管理精细化、质量精细化、服务精细化、业务流程精细化、产品开发精细化、宣传广告精细化、企业文化精细化……企业的一切都走向精细化的结果就是促使产品或服务更具竞争力。

很多企业的经营者总是感叹为什么自己的投入不比别人少，但是企业的利润率却如此之低呢？可以从管理上想办法。正所谓：“三分生产，七分管理。”伴随着社会分工越来越细和专业化程度越来越高，只有实施精细化管理才是企业向前发展的根本途径。

俗话说：“针尖上打擂台，拼的就是精细”，精细已成为企业竞争中最重要的表现形式，精细化管理已经成为决定企业未来竞争成败的关键。

NO.3

与狼共舞

更加严峻的市场挑战已扑面而来，这种竞争犹如与狼共舞。其结果是，要么战胜狼，要么被狼吃掉。海尔的回答是：与狼共舞，挑战国际名牌！与狼共舞，必须让自己成为狼，而且变成“超级狼”。

24. 海尔“中国造”

我们打出“海尔·中国造”的概念，就是要与“德国造”、“日本造”、“美国造”比高低，就是不服气，就是要长“中国造”的志气。

张瑞敏名言

那时候我就有一个梦想，有一天，由我们生产出来的产品能够在德国市场上畅销，能够在世界市场上畅销……

海尔奋斗的目标就是创立国际名牌。

张瑞敏经历

张瑞敏曾说过这样一段话：“中国市场已经成为国际竞争的一个组成部分，在国际市场一体化的今天，我们必须发展民族工业。发展民族工业最关键的一点就是要自强。我们不能一看到外国跨国公司就恐惧，我们现在要做的就是努力发展、壮大自己。如果外国跨国公司的压力强大使我们国内的企业都顶不住的话，海尔应该坚持到最后一个倒下。我们海尔奋斗的伟大目标就是创立国际名牌，为了实现这个目标，把我们所有的力量聚在一起，大家在为这个事业拼命，但是，光靠海尔不够，还要中国的企业结合成巨大的力量，建成我们中华民族的联合舰队使我们的名牌穿过太平洋，驶向全世界。通过我们的名牌，使中华民族屹立在世界的民族之林。”

如今的海尔已经打出了自己的品牌，海尔生产的产品也成为了一流产品的代名词。回首海尔一路走来，它的品牌之路并不平坦，布满了艰辛与苦难。

张瑞敏刚刚接手海尔的时候，那时由于市场观念落后，中国企业没有严格意义上的品牌，众多所谓的名牌只是有关机构和部门指定或内部评定的，并没有真正以客户为中心和以市场为导向，而且现在大多数已经不复存在了。进入20世纪90年代后，由于市场经济日益成熟，一大批IT企业如联想、搜狐、用友等渐渐意识到了品牌知名度和承诺兑现之间的关系，使名牌战略有了较好的统一。

随后，伴随国外众多企业携其上百年的品牌大举进军中国，同时，消费者因收入的提高不再满足于质优价廉，而是对产品寄予了更多的情感需求，市场竞争日渐由产品竞争上升到品牌竞争的阶段，品牌成为企业竞争力的重要体现。

在这种情势下，张瑞敏提出了“海尔·中国造”，为的就是打造属于中国自己的品牌，改变中国没有品牌的窘境。很多人或许都有这样的体会，只要听到“德国造”，马上就会认定这个产品的质量很有保障，因为德国人“一丝不苟”、“严谨”的民族精神会体现在他们的产品上。当我们听到“日本造”，会想到日本人强烈的市场意识，他们不但能够满足消费者的需要，而且还能把消费者想不到的功能也制造出来。而“中国造”的产品，不但外国人不认可，连我们自己都对其持怀疑态度。尤其在购买那些价格很高的电器产品时，我们宁可花高价买进口大品牌的产品，也不愿意尝试国产的。因为我们自己生产的产品已经印上了“技术含量低”、“质量不过关“、“廉价产品”的标志。

张瑞敏要改变中国产品给世界留下的印象，他想让“海尔·中国造”和“德国造”、“日本造”一样成为“优质”的代名词。张瑞敏用“海尔·中国造”向全世界传递这样一个信息：“海尔生产的产品总有一天会是世界上最好的!”

在“海尔·中国造”这一理想的引领下，包括张瑞敏在内的所有海尔人经过不懈努力，终于圆了他们的梦。2005年8月30日，海尔被英国《金融时报》评为“中国十大世界级品牌”之首。2008年7月，在《亚洲华尔街日报》组织评选的“亚洲企业200强”中，海尔集团连续五年荣登“中国内地企业综合领导力”排行榜榜首。

今天的海尔已跻身世界级品牌行列，其影响力正随着全球市场的扩张而快速上升。

成功启示

品牌作为企业的竞争力已经被提到了至关重要的地位，如果中国企业再没有品牌意识将会迅速地被淘汰出市场。

有人会说，品牌固然重要，但是实现起来很难，尤其与国外那些百年品牌比更是难上加难。事实上并非如此，中国企业如果想实现“中国造”是很有优势的。中国企业在产品基础、劳动力成本、本土市场上都很有优势，中国企业缺少的只是强烈的品牌意识和有效的品牌战略操作方法。如果中国企业能很好地解决上述两个环节，中国自己的品牌完全可以在世界上树立起来。

品牌包括两个重要部分：标志和信誉。标志是诸如商标、文字等表现方面的因素；而信誉，包括品牌承诺和在承诺方面的表现。两者只有实现了均衡发展，品牌才能成功确立。但二者中信誉更重要，信誉是什么构成的？包括产品的质量、服务等等。企业只有在产品本身上下工夫，企业才具备创牌的条件。

在佳能公司的创业史上有一个著名的“10 美分”的故事。佳能的总裁御手洗富士夫早年在美国考察时看到日本货因为质量问题被美国人普遍认为是只能在 10 美分的廉价店里出售的破烂货。看到这时，御手洗富士夫的心里很不是滋味。相信他的感受和张瑞敏听说德国市场最畅销的中国商品是烟花爆竹时的感受是类似的。从此，御手洗富士夫发誓一定要让美国人，乃至全世界的人都刮目相看，让“日本造”作为高品质的产品畅销全世界。在“10 美分”力量的鼓舞下，佳能产品不仅征服了美国人的心，而且从日本走向了全世界。

从海尔到佳能，很多企业都在用一种不屈不挠的精神去创造属于自己的品牌，这些企业这么做的原因就是想用自己的一己之力来作出表率，唤起其他企业的品牌意识，增强国家的品牌竞争力。

现实生活中，一部分企业只图眼前的利益，用别人的品牌赚钱，这样一来，即使用一百年，品牌还是别人的。有志气的中国企业家应该向张瑞敏那样，着力于创造自己的名牌，让“中国造”享誉全世界。

25. 与高手博弈

很多企业在走国际化道路的时候，都选择了“先易后难”的策略，而海尔却走了一条相反的路。海尔人认为，只有在最难突破的欧美市场立稳，在最挑剔的市场中锻炼自己，才能全方面提高海尔的竞争力。

张瑞敏名言

我们在美国设厂本身就是自找苦吃，只有这样才能真正提高我们的国际竞争力，你不去大海中行驶，你就永远不知道风浪的险恶。

我们如果不走出去的话，就被动了。在国内市场成为第一了，再增长的空间会受到限制，需要走出去拼杀。

张瑞敏经历

通常“先易后难”是我们做事的原则，但张瑞敏却与众不同，他一反常态地在带领海尔进军国际市场的时候采取了“先难后易”的战略，并一举成功。这一成功案例也成为了中国企业进军国际市场的经典之作。

张瑞敏为什么放着好走的路不走，一定要挑战高难度呢？

20 世纪 80 年代的中国，商品经济还处于卖方市场，冰箱供不应求。许多国内企业都引进日本等发达国家淘汰了的技术，而海尔却是拜德国利勃海尔公司为师，引进了利勃海尔家电生产的先进技术与经验。在大多数家电企业还陶醉于国内市场的“繁荣”时，海尔已经为走出国门作好准备了。

开始时海尔也是贴别人的牌子出口。1991 年，海尔出口到美国的第一批小冰箱是 246 台，打的不是自己的牌子。后来，这家公司看海尔的产品质量不错，决定和海尔扩大合作规模，也提出了为海尔的产品提价。但张瑞敏拒绝了这家公司提价的诱惑，坚决不再给别人贴牌，坚持打自己的品牌。可美国又不断设置贸易壁垒和技术壁垒，这对海尔产品出口到美国市场很不利。最后，张瑞敏决定采取“先难后易”的做法——到美国建厂，实现海尔的本土化——品牌出口。

对张瑞敏的这一决定，很多人感到很担心。但张瑞敏知道海尔只有这样做才能把握住机会。张瑞敏认为，去美国设厂是海尔创世界名牌的必经之路，这其中肯定存在风险，如果海尔经历了这个挑战自我的风险，海尔就通过了新的磨炼和考验，变得更加成熟；如果不到美国设厂，其风险是一种必死无疑的风险，意味着企业不可能走出去，永远不可能走出去，永远长不大。

1999 年 4 月 30 日，美国海尔生产中心在美国南卡罗来纳州首府哥伦比亚市附近的汉姆顿举行奠基仪式。一年多以后，第一台带有“美国制造”标签的海尔冰箱下线。2002 年 3 月 4 日，海尔在美国纽约中心百老汇购买原格林尼治银行大厦这座标志性建筑作为北美的总部，此举标志着海尔已经在美国树立起本土化的名牌形象。

美国消费者往往能够领导世界潮流，所以说，当海尔在美国市场立稳脚跟后，再进军其他市场就变得容易了。2001 年 6 月，海尔集团收购意大利迈尼盖蒂公司所属的一家冰箱厂，签字仪式在海尔集团总部举行，海尔在欧洲也由此实现了设计、制造、营销“三位一体”的本土化经营。

海尔在亚洲的本土化起步于东南亚。当亚洲金融危机爆发时，东南亚家电市场急剧萎缩，许多日韩家电厂商纷纷撤出了东南亚市场，海尔抓住机遇，在马来西亚、菲律宾等国树立了大量巨型广告牌，极大地提升了海尔品牌知名度。2001 年 4 月海尔在巴基斯坦建立全球第二个海外工业园。

在中东市场，20 世纪 90 年代后期的海尔已经是中东家电市场真正的明星。2001 年 10 月，海尔与约旦 SEC（南方电器公司）等 4 家公司达成合资协议，组成海尔（中东）贸易有限公司。2002 年实现销售收入 1390 万美元。2003 年 10 月 6 日，随着第一台约旦本土制造的海尔洗衣机在 HMA（海尔中东电器有限公司）的洗衣机生产线上顺利下线，海尔集团第十三个海外工厂正式投产。同时这也标志着海尔在中东的本土化全面启动。

回顾海尔的国际化历程，我们能清楚地看到一条清晰的战略路线。以“先难后易”的战略将产品出口到发达国家市场，大幅提升企业各方面的素质，迅速确立国内市场的领先地位并占领国际制高点，以高屋建瓴之势出口到其他国家，通过出口开创海尔国际市场知名度，达到“出口创牌”的战略目的。这为我国其他企业实现国际化经营上了生动的一课。

成功启示

从海尔“先难后易”战略成功中我们能得出这样的结论：产品的质量和产品技术的创新是企业在市场竞争中获胜的最重要的原因。

海尔为什么在德国站住了脚？那是因为海尔产品优秀的品质，海尔就是凭借优质的产品才敢于走“先难后易”的国际化道路。

海尔产品刚刚进入德国时，也遇到了质疑。一开始德国人并不接受海尔的产品，海尔的人员就把商标揭掉，让他们来挑，他们没有分辨出来，这是海尔第一次用事实说话。后来，德国人又将冰箱吊起来像洗淋浴一样，在所有地方喷上水，喷完之后通上电，看冰箱会不会漏电，结果海尔冰箱再次胜出。海尔用品质征服了对产品质要求量严谨、苛刻的德国人。在进入德国市场一年后，海尔的产品得到了认可。虽然这一年海尔人过得并不舒服，但他们收获了同行的认可，打入了高端市场。张瑞敏回忆这段经历时说：“我们先难后易，付出的代价就是咬住牙，不退出市场，不能因为是中国货就低价，这也保证了我们不亏本。”

现在，中国的大多数企业依然进行着重复生产和加工，导致企业很难创出品牌。这些企业，应该向海尔学习，提高技术创新重要性的意识，不断地从外部引进先进的技术、设备和先进的管理体制、管理理念。要让全体员工明白了解，企业要达到的目标和要执行的计划。让他们知道要在竞争中获胜就必须要有技术创新，使得自身的产品比对手更优越。

李宁作为中国排名第一的体育品牌，在国内已经被认可。但和外国的高端体育品牌相比还有不小的差距。现阶段，我国高端体育用品市场的领导者大家都知道，就是耐克和阿迪达斯。在它们下面才是锐步、匡威和李宁等公司。李宁作为中国品牌如何才能进入世界体育品牌的第一阵营呢？

中国是一个发展中国家，这是不争的事实，所以国人对发达国家（美国、日本、欧洲各国）的产品有着天然的“仰视心理”。正因为这样，李宁、安踏等中国品牌做得再好，在消费者心中还是会觉得耐克、阿迪达斯、彪马、美津浓、匡威、爱世克斯高一个档次。基于这种情况，李宁公司认为只有征服了发达国家的消费者，企业的品牌才能上升到国际品牌的高度。

于是，李宁在国际化的过程中采用和海尔一样的战略——先难后易。所以才有了后来进军 NBA、赞助瑞典奥运代表团、西班牙奥运代表团、阿根廷篮球队、苏丹和坦桑尼亚田径队、法国体操队等国际化举动。

在国内市场上，李宁的定位也很明确，必须做老大。因此，在价格上李宁采取了比其他国产品牌高、比耐克和阿迪达斯低的策略。当然准确的定位也起到了预想的效果，今天没有人会质疑李宁这一品牌在中国的地位。

但是最近几年，安踏等“晋江系”运动品牌的发展势头逐渐迅猛起来，开始威胁到李宁的市场份额。李宁如何与这些企业竞争？重新走低端路线？显然是不可取、也不现实的。于是，李宁花费大量人力、财力终于打造出自己鲜明的国产高端形象。

李宁本人曾说过这样一句话：“不做中国的耐克，要做世界的李宁。”

很多企业现在正在国际化的路口徘徊，究竟该选择“先难后易”还是“先易后难”，或者是“难易结合”呢？其实，没有最好的，只有最适合的。企业必须根据自己的实际情况选择自己的国际化道路。海尔、李宁选择了“先难后易”，其他企业可以效仿，也可以创新。但无论企业的选择是什么？产品的品质和特色都是制约成功与否的重要因素。

26. 先进入、再做强、再做大

企业没有规模，品牌没有规模，就没有世界级的市场份额和销售额，不具备国际竞争力。企业如果要进入国际市场，创世界品牌就要逐步进入市场，逐步扩大企业规模，最后成为企业集团。

张瑞敏名言

海尔的产品很多，在人家没有认同你之前，若排成一排横队，很难进去。如果变成一列纵队，用量身定制的强势品种攻垒，就相对容易多了。攻垒一旦成功，其他产品即可相继进入。

这种纵向排列就像一把尖刀，它的最大好处是，可以最有效地减少杀伤。海尔现在有几十个系列、上万个规格，如果哪个产品在本地市场最受欢迎，就让它做纵队的排头兵，它站住了，其他的再跟进。

张瑞敏经历

海尔产品的种类多，型号全，所以在国际化的进程中出现了这样的问题：这些产品是排着横队一起进入呢，还是排着纵队一个一个地进入呢？

在张瑞敏制定“纵队进入”的市场战术后，海尔开始了国际化之旅。比如在美国市场，海尔先打入的是冰箱；但是在欧盟，海尔最先进入的是空调；在东南亚，主要是让洗衣机先进入，因为他们的消费水平比较低，开始选择家电一般会选择洗衣机。也就是说，针对不同区域的消费需求，根据不同的特点来制订不同的进入策略。这样进去以后受到的阻力比较小，而且一旦遇到失败的话，不会造成很大的波动。

以海尔进入美国市场为例，在美国，160 立升以下的冰箱在市场的需求量不大，像 GE、惠而浦这样的国际型大公司都没有投入多少精力去开发市场。海尔在进行了深入的市场调研后发现，美国消费客户群的消费方式正在悄悄逆转。由于美国的家庭人口正在变少，小型冰箱日益受到欢迎；同时，小冰箱更受到独身者和留学生的推崇，也是那些大型家电企业不生产的“缝隙产品”。于是，海尔摸准了这一窍门，开始集中优势兵力打歼灭战，把火力多集中到160立升以下，向美国冰箱市场开火。海尔开发了电脑桌冰箱，这种新型冰箱的体积小，又能做电脑桌使用，一物两用不仅节省了空间，还美观大方。

这种电脑桌小冰箱不只是创造了冰箱新的形式，更重要的是为用户创造了价值，带来了方便，所以很受学生们，特别是住校学生们的欢迎。海尔的电脑桌冰箱上市后，很快风靡美国大学校园，并迅速占到美国市场一半的份额。之后海尔的产品又陆续进入美国市场，慢慢被美国的消费者熟悉。

试想一下，如果海尔在开始进入美国市场时选择“横队进入”，也许早就全军覆没了。

成功启示

海尔进入美国市场的战术被营销大师米尔顿·科特勒概括为：“第一部是缝隙产品进入，第二步是市场的细分化，第三步是大批量的成长，即首先选择一个最适应当地消费习惯的产品为切入口，把它做好，然后在此基础上以本土化设计将其他海尔产品源源不断地引入当地市场。”

今天已经是全球一体化的时代了，市场竞争非常激烈，企业如果想在新的市场中站住脚，就要充分地了解它，用不同的角度去审视它，最后选择用“缝隙产品”进入新的市场，进而赢得知名度。寻找缝隙产品的过程也是一个开发市场的过程，凡是经典的营销案例，无一不是因为找到了缝隙产品。

常年生活在北极圈内的因纽特人因为没有泥土和沙子，不得不将冰块切割成砖来建造房屋，建好的房屋可以抵御寒风的侵袭。

冰房子外面，寒风凛冽，滴水成冰，温度一直在零下50多摄氏度，而冰房子内却可以保持零下几度到十几度的温度。这样的温度对于因纽特人来说显然是暖和多了。可无论怎么“暖和”，北极的寒冷也是毋庸置疑的，爱斯基摩生活的房子就像一个天然的冰库、巨大的冰箱。

因纽特人在北极地区已经生活了很多年，没有人对他们的生活产生过质疑，然而当美国旅行家沃特森目睹了因纽特人的生活后，却冒出一个惊人的想法：把冰箱卖到这里！

当人们听到沃特森的这个想法时，没有一个人不哈哈大笑。大家纷纷嘲讽他：“他们还用买冰箱，他们就住在冰箱里。”

面对大家的嘲讽，沃特森一笑而过，但以后发生的事让他们大吃一惊。当冰箱运到北极因纽特人的居住地时，沃特森向因纽特人演示冰箱的作用。他将自己带去的啤酒和矿泉水，以及因纽特人刚刚捕获的猎物，一起放入了冰箱。他将冰箱的温度调到了4℃。第二天，当因纽特人打开冰箱时，发现那些东西并没有结冰，一切食物都非常新鲜。因纽特人第一次发现了冰箱在这里的用途。

原来，因为北极地区的特殊气候，常年的天寒地冻，因纽特人储存食物的方法很简单，他们不分场所，往往把食物一丢，自然会冻起来，根本不必担心食物会变坏。但当想吃这些食物时就要花费很大的力气了。为了把那些冻硬的食物化开，他们常常点燃动物的皮毛或者脂肪，在屋外架起大锅，烧一锅开水来解冻。这样既费时又费力，很多时候因纽特人都不愿意花费这么大的力气来解决看似简单的问题。有时候赶上大风的天气，在外面根本立不起灶台来。

有了冰箱，原来的问题都迎刃而解了。冰箱不仅可以用来冷藏食物，而且也可以防止食物冰冻起来，它省了做饭前繁杂的解冻程序，因纽特人着实体验到了冰箱带来的好处。

沃尔森之所以能将冰箱卖给因纽特人，就是因为他找到了“缝隙产品”，进而让冰箱一举进入了市场。当然如果想让因纽特人真正接受冰箱这一产品，还要企业必须细分市场，然后再根据消费者的要求，成批量地生产，继而占领市场。

用户资源来自企业在市场上对用户需求满足的程度和快速反应的能力。企业的决策依据全部来自市场，出现问题也要在市场上找解决方法。

所以说，企业的第一功能应该是开发市场。而开发新市场的步骤就是：先进入，再做强，再做大。

27. 先有市场再建工厂

不要过于乐观地估计市场，甚至盲目地建厂，那样可能会导致设备闲置或生产线开工不足而倒闭。“先有市场，再建工厂”是企业规避风险的有效途径，是一种以市场为导向的典型的经营思路。

张瑞敏名言

要在海外设厂，首先要开发当地市场，使品牌出口达到在当地设厂的盈亏平衡点。

张瑞敏经历

美国市场是世界上竞争最为激烈、最难进入的市场，几乎所有世界级的名牌产品都在这里“逐鹿”，但张瑞敏依然选择在美国设厂，张瑞敏为什么要这么做？原因在于海尔在美国建厂前，美国市场已有了海尔的销售网络，有了足够量的订单。有了市场的支撑，就大大降低了投资的风险。

在论证美国建厂的可行性时，海尔对美国市场进行了深入的调查分析，他们调查后的结论是：在美国建一个冰箱厂的盈亏平衡点是30万台左右。而在南卡罗来纳州设厂之前，海尔出口美国的冰箱已达到50万台，远远超出了平衡点。所以海尔去美国绝对不是去冒险。如果单从劳动力成本看，可能不合算，但中国加入WTO以后，进入美国就不仅是一个劳动力成本的问题，而是非关税进入成本的问题。那时候消费者对产品的技术含量要求会很高，如果技术和管理跟不上，就是零关税也进入不了。在充分估算风险后，张瑞敏认为，进美国毕竟有成功的可能，但如果不进美国就连一次机会也没有了。

海尔产品进入美国市场已经有很多年的时间了，早在1990年时海尔的产品就已开始在美国销售。在美国设厂前，海尔产品在美国市场的占有率已经相当高了。据一位海尔家电经销商M先生说："海尔冰箱已经在美国占有很大的市场份额，所以我相信海尔在美国建厂一定能够成功!"这位M先生之所以对海尔在美国建厂这么有信心，是因为他对海尔冰箱在美国市场的销售成绩心中有数。他早在1994年开始经销海尔冰箱，最初只经销海尔BC－110、BC－50两种型号的产品。由于海尔个性化的产品能满足不同阶层的需求，这两种型号的冰箱因设计符合年轻人的品味，且节省空间，耗电量低，M先生的尝试一发而不可收，最终不但将两种型号做成了全美最畅销的冰箱冠亚军，而且180立升以下的冰箱在美国的市场占有率达到33%。

看到如此高的市场占有率，张瑞敏认为在美国设厂的时机已到。1999年4月，美国海尔工厂在南卡罗来纳州破土动工，这座工业园，占地600亩，是海尔当时在国外最大的生产基地。2000年3月，工业园的冰箱项目正式投产，这也是中国在美国投资最大的一家企业。

张瑞敏始终认为，必须在市场的需求下，企业才有在海外建厂的需要，为的是避免贸易壁垒。杨绵绵也强调，不能为了出去建厂而建厂，否则，出去投资就可能失败，甚至血本无归。

成功启示

走向国际市场，与国际级的对手拼杀是企业发展到一定规模的必然选择，但很多中国企业在进军国际市场的时候，制定的投资战略明显带有战略性，就是靠在发达国家设厂或并购来打造国际化的品牌形象，进而在国内市场和发展中国家市场实现更大的扩张和赢利。制订这一战略计划的企业往往由于过分乐观地估计了企业自身扩张的能力，在没有占领市场的情况下，盲目设厂，而最后导致设备闲置或生长线开工不足将企业拖垮。

什么是影响企业海外设厂的因素呢？答案是市场。企业要以市场为导向，真正视客户为上帝，以质量为本，通过质量提升竞争力，根据市场需求确定自己的经营战略，强调订单主义，主张先有市场再建工厂，从市场需求中寻找生产方向。

“先有市场，后建工厂”，不但在企业拓展海外市场时可以降低投资风险，在拓展国内市场时，同样能降低风险，减少企业的经营成本。

蒙牛创立之时，面临的是“三无状态”：一无奶源，二无工厂，三无市场。公司成立之初牛根生确定了“先建市场，后建工厂”的战略。

那时蒙牛的注册资金只有1000万，如果用这笔钱建厂，进设备，生产产品，然后再做市场，根本不够用。同时这样做还可能走许多企业用巨资盖厂房，买设备的老路，也很难取得理想的利润。这时牛根生独辟蹊径，将有限的资金用在了广告造势上。他先用300万元在呼和浩特进行广告宣传，由于呼和浩特城市规模不大，一夜之间，许多人都知道了“蒙牛”这个品牌。

之后，牛根生又与中国营养学会联合开发了一系列新产品，与国内的乳制品厂合作，以投入品牌、技术、配方、采用托管、承包、租赁、委托等形式，将所生产的产品打出“蒙牛”品牌。待企业真的赚到钱了，牛根生才开始大规模建厂，这时已经是1999年的事情了，自此蒙牛由“虚”转“实”。

牛根生此招是明显的“借鸡生蛋”，拿出300万对那些承包、租赁、托管的企业进行技术改造和更新。这期间，他只同对方合作，用自己的管理、自己的品牌对企业的设备和人员进行使用和支配，但不做资产转移。在短短的几个月的时间里，他就盘活了7．8亿的资金，完成了很多企业需要很多年才能完成的扩张。

现如今，蒙牛的工厂已被世界上最大的牛奶设备制造商——瑞典利乐公司列为“全球样板工厂”，其生产基地以总部呼和浩特为轴心，向西延伸，进入包头、巴盟等地；向东延伸，进入兴安盟、通辽等地；向外省延伸，进入北京、天津、山西、山东、湖北、河南、甘肃、新疆、浙江、黑龙江等地。伴随企业生产规模不断扩大，开发的产品有液态奶、冰激凌、奶粉及奶片等系列100多个品种。

牛根生的做法与张瑞敏的做法有异曲同工之处，虽然蒙牛的战略是在国内实施的，而海尔是在国外实施的，但二者都是以市场需求为导向，真正将客户的需求作为设厂的初衷。他们根据市场制定自己的经营战略，这样他们在降低投资风险的同时，还对生产制造基地进行了合理布局，一方面降低了销售成本，提高了竞争力，另一方面加快了企业战略目标的实现。

很多企业的经营者都有什么时候设厂、在哪里设厂的困惑？当您不知道的时候，请去问问市场，因为它才是企业经营行为的导向和根据。

28. 国际化就是本土化

企业在海外必须本土化，如果不是本土化，一旦发生问题，就只能被动地等着应诉，而实现本土化就可以比较好地解决这个问题。

张瑞敏名言

国际化企业无法回避的一个矛盾是全球化与本土化的关系。我认为，国际化就是本土化。

什么时候美国人不再认为海尔是中国的海尔，而是美国的海尔，海尔在美国就算成功了。

张瑞敏经历

中国已经进入WTO，网络时代也已经到来，中国企业的国际化成为了一个现实的问题。什么是企业的国际化？张瑞敏回答道：“国际化就是本土化。”张瑞敏说：“本土化可以相对缓解国内企业进入国际市场的三个难题——一是消费者对外来品牌的抵触心理；二是进入国的非关税贸易壁垒；三是我们国际商务人才的极度匮乏。”

张瑞敏很清楚，海尔走出去并不容易，面对一个新的市场，一切都要从头开始。回首这段历程，他感慨颇多。在总结经验时，张瑞敏认为，海尔走出去的最重要的经验就是弄清了自己到国外去的定位是什么，是出去创一个名牌，还是想把一个产品销售出去，还是企业的产品在国内销售不动了，要以很低的价格销售到国外？企业的定位一定要清楚。如果定位不清，看到其他企业走出去，实施国际化，自己也随大溜，那肯定是不行的。

企业走出去必须要根据自己的实际情况，考虑自己凭什么条件能在国际市场站住脚？企业有什么优势？企业必须要想清楚，因为企业不论去哪个国家，都不会以第一的形式出现，即使到了一个不发达的国家，也不会是第一，原因是国际市场很少会有空白的市场，在你的企业去之前，已经有国际化的大企业先到那里了。所以说企业走出去时的定位和目标很重要。

比如海尔初到美国时，他们的目标很明确，就是先进入美国家电行业的前五名，然后在此基础上冲进前三名。为了实现这一目标，海尔就必须研究让美国用户认可海尔产品的原因。结果他们发现，要把排在海尔前面的企业挤下去，就必须创新，只有创新才能赢得客户、赢得市场。最后，海尔抓住了机会，在创新的基础上，用速度抢占了市场。试想，如果当初海尔看别人出去，自己就出去，看别人干什么，自己就干什么，那它肯定会被淘汰，又如何会在国外取得成功呢？

作为中国企业国际化的先行者之一，海尔“国际化即本土化”的具体做法是：当地设计、当地制造、当地销售，以及当地融资、当地融智。比如海尔在美国的洛杉矶建立了设计中心，在南卡罗来纳州建立了生产工厂，在纽约建立了营销公司，三位一体，以形成本土化的海尔，其雇员也主要是美国人。

成功启示

近年来，“本土化”这个说法不绝于耳，成了当今时代的强音。本土化思维、本土化营销、本土化人才、本土化管理模式等都是企业所必须思考的，尤其是那些跨国企业。所谓的“本土化”实际上就是当事双方所寻求到的一种战略协调模式，其实质是跨国公司将生产、营销、管理、人事等因素全方位融入东道国经济中的过程，它有利于跨国公司降低海外派遣人员和跨国经营的高昂费用、与当地社会文化融合、减少当地社会对外来资本的危机情绪，有利于东道国经济安全、增加就业机会、管理变革、加速与国际接轨。

在家电行业，海尔的国际化进程是有目共睹的，而海尔在走国际化道路的前提是真正实现了本土化。其实，这些也同样适用于其他行业，因为没有本土化，何来国际化？

纵观跨国企业在海外的发展，取得成功的都是本土化搞得非常出色的企业。肯德基在全球有32500家连锁餐厅，每个国家、地区、民族都有自己的文化背景和消费习惯，如果用完全相同的美国模式来服务散落于全世界的居民不可能成功，因此他们认真学习异国文化，因为营销越是国际化，越该本土化。

很多中国人都很喜欢吃肯德基的食品，也都品尝过它的“新奥尔良烤翅”。为什么名字上一定要多个“新”字呢，这就是肯德基本土化的体现。“新奥尔良烤翅”是一款符合中国人口味的食品，与它的拳头产品辣鸡翅不同的是，新奥尔良烤翅是选用二节翅一起用新奥尔良腌制料腌制、烘烤、速冻，然后经烤箱直接烤制而成的非油炸类食品。这款新产品一经推出，立刻受到了中国消费者的喜爱。

除了新奥尔良烤翅，肯德基推出的“老北京鸡肉卷”、“粟米棒”、“榨菜肉丝汤”、“四季鲜蔬”、“番茄蛋花汤”、“川辣双层鸡腿堡”等等。这些产品都在有意无意间地围着中国人的口味打转，证明了肯德基走的是本土化路线。

难怪有人说，如果哪一天听说肯德基做起了包子、面条，大家也不用感到奇怪，因为随着中国加入WTO，肯德基本土化进程已经明显提速了。

肯德基频频在中餐上亮着儿，不甘寂寞的麦当劳也从未放弃过研究我国消费者的口味。麦当劳从“蔬菜海鲜汤”到“粟米汤”再到“香芋派”、“苹果派”轮番推出，两大洋快餐企业的“本土化”的脚步你追我赶。

很多企业在国际化进程中采取了本土化策略，然而为什么结果不尽相同，原因就是本土化的程度不同，如果企业要在海外市场获得成功，就要看谁更本土化，谁更能征服当地消费者的心。

今天，很多中国企业在国际市场上频繁地遭遇到反倾销的问题，如果中国企业能够做好本土化的工作，就能避免这些问题。除此之外，对消除本土消费者的抵触心理，躲避非关税贸易壁垒、聘用国际商务人才都能起到积极作用。

29. 产品设计要符合本地市场

当地市场需要什么样的产品，海尔就开发什么样的产品。用市场主导型的研发策略来适应和引导当地市场，这是本土化设计研发的宗旨所在。

张瑞敏名言

像在美国搞的迈克冷柜，在欧洲搞的新的产品，包括新的酒柜等等，这些都是原来那些当地的家电厂家没有做过的。我们开发这些创新的个性化的产品，对当地消费者的视觉冲击是非常大的。

张瑞敏经历

在世界规模的产品竞争中，设计和技术是成败的关键，特别是在质量和功能没有差别的情况下，设计变成了关键因素。正如英国工业部长巴赫在《设计和国家利益》一文中指出：“在国际和国内市场上竞争犹如战争，有一个公开的武器能帮助我们赢得战争，这就是设计。”

海尔在国际化进程中，首先要做的就是本土化设计，海尔人知道没有迎合当地消费者的设计，产品是不会被市场接受的。为此，海尔聘请了大批本土的设计师，米罗就是其中的一位。米罗从业20多年，有丰富的家电设计经验，对欧洲市场的需求了如指掌，他设计的产品可以最大限度地满足当地消费者的需要。海尔之所以聘用他，看重的就是他对市场的了解。米罗说：“欧洲市场和亚洲市场有很大的不同，首先是用户的需求不同。欧洲又有很多国家，他们的需求也不一样。因此作为一名欧洲的设计师，我的优势就是能够在这个市场上最先了解到用户的需求，然后设计出适合用户需求的产品，帮助海尔开拓欧洲市场。这一切不是中国的设计师能够做到的。”

今天，海尔的设计师分布在全球各地，他们每天都在设法满足一个个富有挑战性的消费需求，伴随着海尔产品拓展到100多个国家，海尔在本土化实践中已经锤炼出一种融合多元文化内涵的设计能力，这种能力也成为了海尔企业竞争力的内容之一。

2001年4月，从海尔搅拌式洗衣机大批量出口号称“搅拌机之乡”的美国市场以来，出口订单逐月递增，仅8月底9月初，海尔就接到来自美国的9批10千克大容量搅拌式洗衣机达上万台的订单。随着越来越多的来自中国海尔制造的高品质搅拌式洗衣机进入美国消费者的家庭，业内人士认为：本土化设计的海尔搅拌式洗衣机正在悄悄地分食着美国搅拌机市场“蛋糕”。

不同地区的人们的洗衣方式是不同的，欧洲人喜欢滚筒机，亚洲人钟情波轮机，美洲人则青睐搅拌机。由于搅拌机洗衣物不缠绕等突出优点一直深受美国消费者的喜爱，在美国家庭十分普及。据美国零售商协会的统计数据显示，2001年搅拌式洗衣机在美国市场的占有率已突破93%，美国是一个非常巨大的搅拌机市场。但是，如此巨大的市场长期以来一直被美国国内的两三家家电巨头所霸占，其他国家的产品很难打入美国市场，原因就是美国的技术门槛高，市场准入标准苛刻等。

面对巨大的市场诱惑，海尔没有放弃，他们知难而上，在对美国市场作了大量的调研分析后，针对美国消费者的洗衣需求和消费特点，海尔有针对性地设计出一款大容量搅拌式洗衣机，一举进入美国市场。海尔搅拌机本土化的设计和优越的整机性很快得到了当地消费者的认同，产品的热销开始在美国市场蔓延开来。截止到2001年9月份，海尔搅拌机已经进入到了美国的30余个州的超市、连锁店里销售。

搅拌机取得如此佳绩并没有让海尔停下脚步，在看到海尔搅拌机在美国市场的巨大潜力后，海尔洗衣机科研人员又分容量、分消费群体开发出了冷、温、热三洗搅拌机第二代新品，以满足越来越多的消费者的不同的洗衣需求。

海尔多年来一直倡导本土化设计，这让海尔的产品更地道，更符合当地人的眼光。一位美国消费者甚至这样说："当我看到海尔美国生产的标签时，我还以为它只是美国一个新的品牌，后来才知道海尔是来自中国的一个品牌，但是它无论在设计上、质量上都很不错。"

海尔的本土化设计已经得到了当地消费者的普遍认可，它让海尔的产品在国际市场上更具竞争力。

成功启示

设计出符合当地消费者需求的产品是企业参与国际竞争的前提。企业进入一个陌生的市场，如果不从设计上下工夫，不能生产出适合当地人生活习惯的产品，很难立住脚。企业只有用市场主导型的研发策略来适应自己所在的国外市场，并与跨国大公司建立技术联盟，优势互补，资源共享，才是上上之选。诺基亚在此方面同海尔一样，也非常值得其他企业学习。

依靠向中国、巴西和印度等发展中市场扩充，诺基亚公司成为本世纪第一个10年里增加20亿新用户的手机生产商。是什么原因让诺基亚取得了如此不可思议的成绩呢？原因很简单，关键就是诺基亚成功的本土化设计。诺基亚在这些目标国家设立了九个卫星设计工作室，目的是为当地市场特别定制产品，将宏观潮流与微观领悟结合起来。

在诺基亚的设计部门中，有一支庞大的研究团队。他们不仅会观察当地的社会潮流，还会留意包括颜色、时装潮流、布料等短期的潮流情况，以及人们的生活方式等。这些行为付诸实践之后，就成为了诺基亚手机各种本地化的色彩、外观材质以及包括壁纸、服务或者铃声这些用户界面内容。

同时诺基亚还根据发展中国家的客户，在设计上作了很多调整。以入门级手机诺基亚 2630 为例：他们的目的是设计一种款式以时尚为主的手机，所以采用了与其他产品类似的圆滑设计，同时保持价格适中。诺基亚希望避免外观与市场上其他一些同档次产品相近，因此采用了边角圆滑的有机形状以及弧形的背壳，这让它很适合人手把握。产品一上市，立刻引起了热销。

发展中国家还有一个重要的实际情况，就是农村面积比较大，如何使生活在农村地区的用户克服通信上的障碍，也是诺基亚手机设计人员重点考虑的问题之一。手机在农村主要以共享方式使用，基于这样的发现，设计人员设计了诺基亚 1200 和 1208，它们的优先考虑点就是共享使用。它们很耐用，能适应不同类型的人使用。同时，手机还增加了一个共享地址簿以便家庭中或者村里的每个成员都能保存自己的联络人和号码而不相互干扰。另外还有一个电话跟踪功能，方便人们设定每次通话的时间限制或者费用限制。除此之外，两款手机还有很多专为用户创制的贴心功能特性，例如用于应付停电时的一按式电筒、本地化的语言、方便从没用过手机或者极少用过手机的用户迅速掌握手机操作的演示模式等。由于这两款手机的本土化设计，所以产品一上市就受到了目标人群的喜爱，销售量节节攀升。

设计是企业的生命线，是产品的灵魂，是用来实现品牌和消费者双赢的利器，尤其企业在国际市场上参与竞争时，设计更是最重要的武器。企业只有用富有创意而且能满足当地消费者的设计才能征服当地消费者的心，让他们成为品牌的忠实拥护者。

30. 本地人才管理本地企业

一家公司要实现国际化，就要使它的每一项活动，包括原材料的采购，产品的生产、销售，人力资源的配置等都实现国际化。在这其中，人才的国际全球化更是重中之重。

张瑞敏名言

只有喝美国咖啡长大的人，才能调出地道的美国咖啡。

“融智”就是管理当地化，这对于实现“海尔本土化”具有重要意义，也是海尔国际化的重要内容和途径。

张瑞敏经历

本地人才管理本地企业，是在全球化战略实施过程中，对企业组织行为和人力资源配置管理的一项基本要求。

为了减少海尔在成为国际化企业道路上的阻碍，张瑞敏主张用本地人才管理本地企业。许多在美国的日本公司基本上是通过由总部选派的经理人进行管理，而海尔美国贸易公司却由海尔总部以控股的方式与贾迈尔的贸易公司共同投资设立的。

贾迈尔原来是一家叫“美国家电公司”的老板，专门销售从墨西哥、土耳其和中国进口的冰箱。贾迈尔说：“第一次从中国进口的集装箱到了，我打开门，发现里面的冰箱四分五裂，只能自己一台一台地重新安装起来。”1995 年，贾迈尔下决心要去中国找一家质量过硬的工厂。他在机场看到了海尔的广告，特地前往青岛拜访。海尔留给他的第一印象非常深刻，厂里整洁有序，而且员工都很忙。双方接洽后，令贾迈尔惊讶的是，海尔人居然提出要在产品上打海尔牌。“我去中国其他工厂商量进货的时候，他们往往只是想方设法要把东西卖给我，挂不挂牌子无所谓。我的结论是，他们躲在别人的品牌后面，自己不想承担责任。”贾迈尔说。

当时海尔在美国并不像通用、惠而浦那样知名，人们甚至连 Haier 这个词怎么念都不知道，而且海尔只能提供 50 立升、76 立升和 110 立升三种规格的小型冰箱。“为什么我选择了海尔?”贾迈尔说，“因为我认为海尔很有潜力，从他们的工厂就能看出来。这是一个机会，一张白纸可以画出最美丽的图画。”后来的事实表明，他的选择是正确的。1998 年，贾迈尔公司的销售额已超过 2000 万美元。

1999 年，张瑞敏决定在纽约成立美国海尔贸易有限公司，他认为必须要有一个美国的当地人来挑大梁，于是他想到了贾迈尔。为了挖贾迈尔过来做总裁，海尔开出了 25 万美元的年薪并让出了美国海尔贸易公司近 50% 的股权。之后，贾迈尔又挖来其他业内人士，如原来在美国最大的电器商店之一——The Wiz 担任采购经理的于学治。这些人才的共同特点都是对美国的家电市场很熟悉，有着丰富的从业经验，由他们组成的美国海尔贸易有限公司在海尔开发美国市场方面起到了关键作用。

现在，在海尔美国贸易公司里没有一个中国雇员，其首席执行官迈克说：“我认为我们就是一家美国公司。”

海尔集团从踏出国门时起，就努力朝着管理当地化的方向发展，海尔“本土化”的人才策略让海尔的产品不是移植到了国外，而是在国外扎下了根。

成功启示

现如今，基于成本和文化融合的考虑，众多实力雄厚的著名企业利用其先进的人力资源管理理念和市场化的经营机制，越来越多地将对高级专门人才的竞争体现在人才本土化上，人才本土化成为大势所趋。

如果一家提倡全球化的企业不能够任用当地的人才，它就根本没有真正渗透到那片市场中去。企业全球化的重要标志之一就是人才的本土化。素有“世界第一 CEO”之称的通用电气公司前总裁杰克 · 韦尔奇说过：“当地人总是更了解自己国家的国情，他们熟悉政府的工作程序和当地人的思维习惯，他们知道本国的哪些大学能够培养出真正优秀的人才，他们能从各类信息中分析出本国的政治前景和经济趋势。他们往往可以游刃有余、从容自如地协调管理整个系统。很多优秀企业认为，越早让当地的管理人员来负责当地的业务越好。它们从开展国外业务的第一天起就开始四处物色当地人才，并通过国际培训课程进一步提升他们的管理才能，其目的就是为了培养大量中层管理人员，最终从中寻求本土市场的最高领导。”

摩托罗拉进入中国多年，其员工多数也是中国人。为了让中国籍的员工胜任工作岗位，摩托罗拉总公司规定，中国公司每年支出相当于员工薪金总额3%的费用用于员工的培训，每个员工每年须接受不少于40小时的培训。1996年6月，摩托罗拉（中国）电子有限公司在天津生产基地成立培训中心。摩托罗拉还与国内外20多所大学展开合作，培训员工。为了达到管理本地化的目标，公司通过多种培训计划帮助本地员工掌握国际化的管理能力。截至2001年底，摩托罗拉中国公司管理层中有767名是中国员工，占总人数的83%。

杜邦中国从1988年成立至今，已经有十八家独资或者合资企业，雇用员工超过3000人。杜邦中国集团有限公司在深圳的一次新闻发布会上宣布，杜邦深圳工厂180名雇员全部是中国人。杜邦以自己独特的企业文化开展员工本土化工作，除了内部正常的培训以外，杜邦中国还将表现优异的员工派往海外如美国、新加坡等地接受不同文化背景和系统的企业管理技能培训，然后回到杜邦中国委以重任。据悉，杜邦中国的高层管理人员中也有不少中国籍员工。

我国很多大企业在国外的公司也都聘用当地人才。以华为公司为例，他们以相对积极的态度随时准备捕捉吸纳国际人才。近年华为在国际市场发展迅速，不断加大对海外本地员工的聘用力度。据华为提供的官方数据显示，华为海外本地员工的聘用平均每年增长15%以上。截至2008年底，华为近8万名员工中，海外员工已超过22000人，其中海外本地员工超过12500名，海外员工本地化率达到了57%。

华为聘用的本地人才包括国际金融人才、熟悉全球法律运作的法律人才、具备国际知识产权运作经验的人才、具备领先通信技术领域经验的人才等。“而对这些人才的选择，华为强调要具备在跨国大型企业的工作经验，最好具有全球化工作经验。”在这些一流的本土人才的努力下，华为的国际化进程迅猛而顺利，取得了突出的成绩。

总之，人才本土化是跨国企业人才策略发展的大趋势，只有本土化人才才是跨国企业急需的生力军，才能给企业带来所需要的思维和活力，帮助企业在异国市场上扎根、发展。

31. 技新为矛，知识产权为盾

企业的技术创新是民族工业进步的灵魂，是有效增强本国经济技术发展能力的重要前提。发展民族工业必须要有自主知识产权的技术和名牌产品，如果技术创新能力上不去，没有法律知识保护，企业很容易陷入到被动的局面中，当然也无法在激烈的市场竞争中脱颖而出。

张瑞敏名言

狼群来了，要与狼共生共赢。企业要认识到知识产权比知识本身重要，知识产权问题的核心不是道义，甚至不是法律，而是“利益”二字。

张瑞敏经历

在众多的中国企业中，海尔在健全知识产权保障体系、实施知识产权战略方面无疑是最成功的，也是其他企业学习的楷模。

海尔多年发展的经验表明，企业拥有强大的技术创新能力是企业参加市场竞争的决定因素，而拥有广泛的自主知识产权是这一因素的决定力量。

2001 年 2 月 11 日，每年一度的“全球海尔经理人年会”在海尔总部青岛召开。会场里坐满了不同肤色、说不同语言的海尔人。迈克是海尔美国贸易公司总裁，他反映在美国销售的冷柜太深了，取东西很不方便，他设想了一种全新的方案来解决这一难题。令迈克意想不到的是，海尔4名科研人员采用同步工程，连夜奋战，只用了10多个小时，就完成了样机。当这些样机披着红绸出现在第二天的会场时，引来一片惊叹声。

除了“快”让人不可思议，更令人意想不到的是，掌声还没有平息，海尔集团法律中心的员工大声宣布：我们已经以最快的速度申报了专利！这就是海尔，它一只手挥着技术创新之矛冲向国际市场，另一只手则紧紧握住知识产权之盾牢牢守住攻城克垒所圈下的市场份额。在知识产权管理方面取得的成效，成就了今天的海尔。

在20多年的发展过程中，海尔经过一步步摸索，已经形成了一套有特色的知识产权管理模式，并将知识产权与公司的技术开发、生产经营的全过程相结合，充分发挥了知识产权在公司发展中的巨大作用。

海尔建立了自己的中外专利数据库，该数据库有多项检索入口，能够实行全文检索，成功解决了异构数据库的同一平台操作问题，可以同时满足多个终端检索使用。为了使产品开发更具有市场潜力，除了在开发前进行相应的市场调研外，海尔专利人员和科研人员共同进行专项课题的纵向专利调查、分析，掌握了专题技术的发展规律；通过对竞争对手的专利分析可以了解其主攻方向；通过对专利信息的调查分析加工成情报，使产品开发和市场分配更具有针对性。

海尔在专利申请的电子化方面也走在了前头。专利的撰写和审批在集团内部和代理机构之间完全实现电子化，使专利申请从资料准备到提交至专利局的周期缩短了一半，有效地保护了自己的知识产权。

在海尔，没有专利申请，新技术研发就没有结束。专利申请与技术法律研发成果是一对一或多对一的关系，即每一项技术创新方案都要申请至少一项专利，实现100%的专利申请率。

海尔在知识产权方面的努力和作为，受到了社会各界的好评。1995年及1997年，海尔两次被国务院知识产权办公室认定为全国首批知识产权保护试点企业。进入新世纪后，面对竞争愈演愈烈的家电市场，海尔人提出：“我们不用价格战去瓜分有限的蛋糕，我们要通过技术创新再造新的蛋糕，哪怕这块蛋糕小点儿，但通过专利保护，可以让海尔人独享。”

今天，海尔集团将“尊重他人知识产权，创造和保护好自己的知识产权”作为企业知识产权创新的一项原则，平均每天推出2. 8项专利，累计专利数量已达6189项，居中国家电企业之首。在科学的知识产权体系的保证下，海尔形成了一批具有自主知识产权的核心技术，走在了行业的最前沿。

成功启示

知识经济的核心就是知识的创造和应用，而一个企业只有提高知识创造的能力，加快知识转化为生产力的速度，使其得以及时有效地利用，才能增强市场竞争力，提高综合实力。而实现这一目标的最有效的措施是完善、健全的知识产权制度，使发明创造者的合法利益得到最充分有效的保护。否则，知识的创新、应用，将是一句空话。

凡是在高科技领域有所成就的企业，都非常重视知识创新和知识产权保护。比尔·盖茨是提倡计算机软件保护的第一人。比尔·盖茨之所以如此重视软件产品的保护，原因很简单，微软的主业就是做软件的。从1975年9月份起，微软授予微型仪器遥测系统公司销售Basic语言程序软件的权利，可是到了1976年初，比尔·盖茨发觉收入少得可怜。比尔·盖茨认为这其中的主要原因就是计算机爱好者已经把软件的复制看成了理所应当的事。复制、翻版之风盛行，完全没有法律的约束。

为了保护自己的知识创新成果，抑制复制、翻版之风蔓延，比尔·盖茨勇敢地站了出来，他以软件开发者的身份向这种不良传统发起了挑战。

1976年2月的《“阿尔塔”微型计算机用户通讯》上发表了比尔·盖茨的一封公开信，在信中比尔·盖茨写道：

你们是电脑“发烧友”，谁都知道电脑硬件是要花钱买的，而电脑软件则可以彼此分享。然而，你们可曾为软件的开发者想过，他们艰辛的劳动是否得到合理的回报呢？将他们的作品随意复制、传播，是不是一种盗窃行为？

谁愿意白做工？谁愿意花上3年的时间去设计程序、检测程序的错误、编写操作手册，随后一觉醒来却发现自己的心血结晶被人轻而易举地拿去复制、传播？

软件事业发展更大的障碍还在于大多数人未能深刻认识这一道理：如果没有合理的回报，就不会有任何人或公司愿意去开发真正有用的软件。

比尔·盖茨此言一出立刻引起了众人的反对，原因就在于当时人们还没有认识到软件其实也是商品，也是有生产成本的，如果没有受到合理的保护，那么就像比尔·盖茨说的，没有人会花大量的人力、物力去开发它。面对多方面的质疑，比尔·盖茨没有放弃。1976 年 4 月，比尔·盖茨在《“奥泰”微电脑用户通信》上发表第二封公开信，继续对复制软件的风气提出批评。

在比尔·盖茨等人坚持不懈的努力下，随着人们对知识产权保护意识的不断提高，关于计算机软件是否需要合理保护的问题渐渐地得到了相关方面重视。最后，各国都相应出台了保护软件产品的法律。

像比尔·盖茨、张瑞敏这样重视知识产品保护的企业家还有很多，他们之所以对知识产权格外重视，是因为在当今知识经济时代，自主知识产权已成为衡量企业核心竞争力的重要指标之一，拥有自主知识产权的企业将会在可持续发展的过程中占据有利的竞争地位。

32. 信息化超越对手

信息化是提高企业竞争力的必要手段，是企业提高自身竞争力的良好机遇和有效途径，是企业提高劳动生产率的未来之路。

张瑞敏名言

为什么我们提又好又快发展，把“好”放在前面？就是现在有些中国企业做得相对较大，但并没做好。原因在什么地方呢？主要就是信息化不能支撑。

张瑞敏经历

海尔从2006年起正式启动全球化战略，如何建立与之匹配的流程、组织和人才构架？一场信息化革命势在必行。“革命”是海尔在创新与再造中第一次用到的词，它显示出了这次信息化再造的深刻意义以及海尔的决心。

其实在海尔的这场信息化革命之前，海尔的信息化建设已经进行了多年，大致经历了三个阶段，分别是：基础应用、总体构架和优化调整，每个阶段都会根据当时企业的实际需求而有不同的侧重点。

在基础应用阶段，海尔提出了信息化应用的需求，搭建海尔集团的骨干网络和基础的办公应用，主要代表是构建的基础网络和OA应用。从1997~2006年间，海尔集团已经构建了千兆的企业内部网，覆盖40多个销售公司和30个电话中心，实现了数据、视频、IP电话三网合一。

到了总体构架阶段，中国已经进入WTO，由于在中国市场上国际化竞争对手的大量进入，中国的制造业面临着越来越多的挑战。为了适合集团的战略发展需求，突出流程再造成果，加速企业管理的现代化，海尔集团系统地设计和建立了信息化应用框架和系统，配合业务管理的需求，主要实施了以下几个方面的应用：建立电子商务平台、集成的同步供应链管理平台、生产的跟踪与控制、一站到位的顾客服务系统、具有国际水平的产品设计与模具加工系统、先进的第三方物流管理系统。

优化调整阶段，2003年~2005年，海尔集团进入了业务流程再造的第二个阶段，目标是对人的再造，是定义每个SBU的买入、卖出、成本、费用、增值和损失。为了满足企业的流程再造、市场链和SBU的需求，必须以信息化的手段来实现，也就是企业如何应用电子商务手段来体现出SBU的经营效果。信息化的目标是推进SBU的电子损益表，是搭建一个集团化业务绩效平台。

海尔要实现又好又快发展，最重要的就是实现信息化管理。历史上每一次工业革命都会带来一次管理革命，谁抓住了管理革命，谁就能更快地推动工业革命。第二次工业革命之后，泰勒的科学管理被美国的福特汽车抓住了，福特汽车的流水线使整个工业革命又往前推进了。现如今是计算机时代，就像托夫勒所说的第三次浪潮，第一次是犁耙，第二次是流水线，第三次就是计算机。海尔遇到了这个千载难逢的机会，他们要牢牢地抓住它，用信息化支撑海尔的前行。

伴随着海尔信息化程度的逐步增强，不仅提高了生产效率，更重要的是提高了管理流程化、业务标准化的水平，最终提高了海尔的国际竞争力水平。当全球资源迅速汇合到海尔的信息化流程中，又迅速把满足用户需求的产品送到用户手中，为用户提供一流的价值，卓越运营就会得以实现，海尔将获得巨大能量，海尔全球化战略也将得以迅速推进。

成功启示

信息化是什么？信息化是企业发展的动力，是衡量一个企业经营水平高低，是否具备长远竞争优势的关键要素之一，是企业在发展过程中减轻管理负担、直接推动效率的重要突破点所在。

随着企业规模的迅速扩张，如果企业仍然用传统的管理方式，无论从时间上还是人的精力上，都无法跟上实际的需要。长久的生命力和随需应变的能力越来越成为企业追求的目标。信息化对企业的发展起到“发动机”的作用，是企业发展的动力源泉。

基于信息化对企业的重要性，很多大型国际化企业都是靠着管理创新以及持续的信息化应用推动着企业不断发展和进步的。同海尔一样，联想集团作为国内使用信息化管理的先驱，从事信息化建设已经很多年了，而且联想能从一个20万元起家、只有11名员工的小企业，发展到今天拥有上万名员工、200多亿元营业额、分支机构遍布全球的大型集团公司，关键在于其全面的信息化建设所带来的高速处理信息的能力。

联想的信息化建设开始于1991年，其建设过程是一个从基础到高端的发展过程。从构建企业的网络基础设施、实现网络办公，到建设企业核心的业务管理和应用系统，联想的信息化建设一步一个脚印，走得自信而踏实。通过持续的信息化应用，联想获得了巨大的经济效益。2000 年仅 ERP 上线的第一个季度，联想的净利润就比 1999 年同期增长了 136%，高于 1999 年净利润的增长幅度近 1 倍；平均交货时间从 1996 年的 11 天缩短为 5.7 天；存货周转天数由 35 天降到 19.2 天；应收账周转天数由 23 天缩短为 15 天；集团多法人结账由原来的 30 天下降为 6 天，单一法人结账仅仅只需要 1 天。

在信息化管理的辅助下，联想提高了生产效率、降低了成本，从而达到了提升客户满意度和企业运作管理水平的目的。

联想和海尔成功的经验，为其他企业树立了榜样。在推进企业信息化建设的过程中，企业必须有明确的目标，围绕目标有计划、有步骤地去实施。同时企业也必须平衡好个性与共性的关系，最后达到全面、高速地整合信息，超越竞争对手。

今天，互联网发展的程度极高，企业的信息化运作能力已经成为企业参与竞争的重要手段之一。企业如果想在残酷的竞争中生存下来，信息化是企业的必备武器之一，离开它，企业很难跟上对手的速度、取得竞争优势。

33. 寻找盖帽点

企业在营销方面，如何发挥自身的优势，抓住对手的弱点，给予对手致命一击，是其产品战胜同类产品、赢得消费者信赖的关键。

张瑞敏名言

企业以宣传自己的优势来对对手的弱点进行盖帽，从而突出海尔品牌的产品优势，使消费者在对比中接受海尔产品。

张瑞敏经历

长久以来，“客户就是上帝”这一营销理念一直统治着整个营销业。但是，随着时代的发展，新的营销理念从重视客户逐渐发展到对竞争对手的关注上。现在一个公司要想成功，必须面向竞争对手，必须寻找竞争对手的弱点，并针对那些弱点发起营销攻势。

张瑞敏针对营销过程中，找到对手弱点并给予致命一击的行为有一个非常恰当的比喻——盖帽。盖帽是体育领域的专有词汇，也被称为“魔鬼的耳光”，指的是篮球比赛中，进攻队员投篮或上篮时，当他把球举到最高点或者球刚离手的一刹那，防守队员立即跳起、将球打落，称为盖帽。张瑞敏借用这一体育名词作为一种在市场营销工作中针对竞争对手卖点提炼而进行的竞争策略模式。

张瑞敏认为，如果真想盖住竞争对手的优势，首先需要企业作好调研。企业必须对竞争对手的特点进行深入而细致的了解和研究，这里的研究，最主要的是对比研究，即拿竞争对手和本企业相对照，研究竞争对手的市场竞争力，优势与弱势，为制定新的营销策略奠定基础。

海尔的市场调研人员通过多年经验总结出的研究内容如下：

第一是关于对手的企业研究。企业研究内容主要包括：企业类型、企业历史、资金实力、产品线、企业对新品期望值等。事实证明，如果竞争对手实力强，产品线窄，那么其对新品的期望值可能就很高，在人力、物力、财力等方面的投入也就越大，与之竞争的难度也就越大。因此，研究竞争企业首先要明确一点：本企业和竞争企业相比，哪一个是“鸡蛋”，哪一个是“石头”，进而决定要不要“碰”。从而避其锋芒，攻其不备。

第二是关于对对手产品的研究。主要包括产品的定位、功能、科技含量、概念、卖点、包装、价格等方面，与本企业产品相比，在以下几个指标上对比出优势、劣势、机会和威胁：定位差异性、概念切合度、使用便利性、功效价格比等。这是最为核心的基础工作，否则就难以应对竞品进行反策划。

第三是分析自身产品的优势。企业必须懂得扬长避短，从产品本身的强势出发，找出产品与众不同的特点提炼卖点，强调实效的承诺。

除了做好事先的调查研究工作外，为了鼓励每一名员工都积极参与到盖帽点的找寻工作中，张瑞敏还制定了“卖点提炼”制度：品牌经理每周对某一型号或某一系列产品提出创新性的卖点，由广告策划部进行审核，优秀的方案在集团迅速推广，并且方案的创作者会得到相应的奖励及职位晋升。

在针对卖点宣传方面，海尔也是行家里手，他们采用了“集中优势资源于一点”的策略，对某一卖点反复在中央级、地方级媒体上进行宣传，配合现场促销活动、卖场布置等手段，使该卖点在最大范围内被消费者所熟知。同时，海尔也会通过广告遏制策略，在媒体上发布“压倒”竞争对手的广告来遏制对方产品的宣传攻势。这里的“压倒”，海尔强调了三种方式：首先，在卖点诉求上压倒竞争对手，这就要求自己的卖点要更准、更狠或者更时尚、更生活化；其次，在广告规则上压倒竞争对手。你用半版我用整版、你用整版我就跨版；最后，是在广告投放量上压倒竞争对手，以此彰显企业实力和产品潜力，获得经销商的青睐。因为每一个经销商都希望选择一个实力强大的合作伙伴，大家都知道“背靠大树好乘凉”的道理。

多年来，通过对对手营销弱点的准确把握，海尔的营销方案始终很有竞争性。海尔在占据销售终端优势的同时，还获取了更大的市场份额，将海尔的优势更多地推荐给消费者。但我们在提炼盖帽点时，切忌不要引起恶性竞争，不要将盖住对手弱点的行为演变成恶意的名誉侵犯，那会给自己平添很多麻烦，得不偿失。

成功启示

进入 21 世纪后，产品种类和形式的极大丰富，在满足消费者需求的同时也给企业带来了巨大的机会和挑战。企业必须找出适合自己的营销战略和市场思路来适应社会经济的发展规律。而对产品的卖点和市场机会的把握成为营销活动成败的关键。

联通 CDMA 在早期的市场战略中曾将自己的产品定位于高端，但高端市场由于移动太强大，CDMA 根本无力抵抗，很难在竞争中获胜。后来经过市场调研，CDMA 将自己的核心卖点定位于“绿色健康”上。通常高端用户会很重视绿色健康，而绿色健康又是一般高端产品很难具有的优势，这时，CDMA 自身产品的优势就成为了一枝独秀，立刻在高端产品的市场中脱颖而出。

中国的洗发水市场最初只被宝洁和联合利华两大公司占据，其他小的洗发水品牌根本没有能力参与竞争。这时市场上出现了一个从未出现过的品牌：舒蕾。这样一个名不见经传的小品牌最后不但打入了市场，还站稳了脚跟，这是何原因？很简单，舒蕾找到竞争对手的盖帽点，然后一记盖帽，很大程度上阻止了对手的进攻态势。舒蕾在进军洗发水市场前经过了仔细的调查研究，提炼出两大巨头的产品卖点：宝洁公司的产品卖点在于产品细分，将不同的功能各取一个副品牌战略，并辅以强大的广告攻势取得竞争优势；联合利华也有着强大的广告攻势，只是联合利华早期所走的贵族化形象的路线，与宝洁公司形成了产品形象的差异化，各具卖点。于是，舒蕾洗发水抓住宝洁、联合利华在销售终端的空隙，强化其在销售终端的优势，后来居上，一举占领了相当大的市场份额。

通常行业内的领跑者都是非常卓越的公司，要找他们的产品的弱点很不容易。所以在寻找盖帽点时要积极、多方面、多角度考虑。赫兹公司是全美最大的汽车租赁公司，拥有覆盖广泛的租车网点、丰富的车型储备、一流的服务人员和服务品质——这些是他们的优势。但作为第二位的阿维斯（Avis）却瞄准其很不容易被发掘的弱势——等候的队伍很长，于是，阿维斯在广告中说：“从阿维斯租车吧，我们的队伍更短。”

根据竞争对手制定营销策略，提炼产品卖点，是企业赢得营销大战的重要手段之一。这要求企业要知己知彼，然后使用“田忌赛马”的策略，用自己的优势对比对手的弱势，这岂有不胜的道理？

34. 满足消费者的个性要求

如果用户提出要能洗红薯的洗衣机，你能不能提供？这就是消费者的个性化需求，如果能够满足，你的优势就体现出来了。

张瑞敏名言

消费者不满意，就说明我们的洗衣机肯定有问题。为什么就不能开发出既能洗衣服又能洗红薯的洗衣机呢？

张瑞敏经历

看国内外市场的变化，“厂方生产什么，商家销售什么，消费者购买什么”，这种供不应求的时代已经成为历史，微利竞争日趋激烈，量与质的消费时代已悄然离去，个性化消费时代已经到来。

应对时代的变化，张瑞敏提出了“专为您设计”的销售服务，即进行预约登记定制订购，充分满足消费者对家电外观、结构和功能设置等方面提出的要求。

在海尔的历史上，“大红薯”洗衣机的故事广为流传，至今对海尔自己和其他企业都很有启发意义。海尔开发“大红薯”洗衣机的行为，诠释了海尔“以客户为中心，满足客户个性化需求”的客户理念。

一位四川农民投诉海尔洗衣机排水管经常被堵，服务人员上门维修时发现，这位农民用洗衣机洗红薯，因为红薯泥土多，所以洗衣机排水管很容易被堵塞。但海尔的服务人员并没有推卸自己的责任，而是主动帮忙将排水管换成较粗的，以防止泥土堵塞现象的再次出现。这位四川顾客在感谢之余，说了这样一句话：“如果能有洗红薯的洗衣机，就不用总是劳烦你们上门服务了。”

服务人员并没有将这位消费者的话听进去，反而当成笑话回来讲给了其他同事听。但这“笑话”很快传到了张瑞敏的耳朵里。张瑞敏没有将其视为一个笑话，而是对科研人员说：“满足用户需求，是产品开发的出发点与目的。”

开始时，技术人员对开发能洗红薯的洗衣机想不通，因为按常理，客户这一要求太离谱乃至荒诞了！

经过市场调研后，海尔的技术人员发现，那位需要用洗衣机洗红薯的客户生活在“红薯之乡”，如果遇到红薯丰收年，卖不出的红薯需要加工成红薯片。在加工前需要把红薯洗干净，但红薯上面泥土很多，洗起来又费时又费力，于是农民就动用了洗衣机。

查找到消费者需求的原因后，海尔集团将开发“洗红薯的洗衣机”立项，成立一个以工程师李崇正为组长的四人课题小组集中攻关。1998 年 4 月，能洗红薯的洗衣机开始投入批量生产。洗衣机的型号为 XPB40 - DS，这款洗衣机不仅具有一般双桶洗衣机的全部功能，还可以洗红薯、水果甚至蛤蜊，而且价格仅为 848 元。首批生产一万台，投入农村市场后，立刻被一抢而空。

北京一所学校食堂的厨师看到海尔开发出能洗红薯的洗衣机后，给海尔写了一封简短的信，在信上他们说：“我们这的师生都很喜欢吃土豆，但是削大量的土豆皮既费时又费力，你们能不能开发一种可以削土豆皮的洗衣机呢?”看到来信，海尔的洗衣机设计员感到有点为难，但最后他们还是满足了消费者的需求。用海尔的削土豆皮洗衣机，5 千克的土豆几分钟就能洗净、削好皮。

像这样根据消费者的个性化需求，为他们设计出的商品还有很多，比如说“打酥油”洗衣机、“宽电压”洗衣机、“零水压”洗衣机、“小神泡”洗衣机、“三角形”冰箱等等。海尔就是靠着这些本着“为您设计”的理念生产出的产品，获得消费者的青睐和信任。

成功启示

伴随着知识经济和信息时代的到来，人的精神需要和个性化需求不断增长，这说明了市场潜力的巨大，也说明在激烈的市场竞争中个性化营销魅力无穷。

个性化需求是个性化营销实现的基础，通常只有真正个性化的产品才会赢得市场。企业生产出的产品必须要通过卖出去才能获取利润，如果产品得不到消费者的认可，那么企业根本没有收入可言。海尔集团将满足消费者个性消费需求作为追求的经营目标，从设计能洗红薯的洗衣机、三角形冰箱等大个性化产品，到今天海尔定制冰箱的小个性化产品，其个性化经营策略创造了一个又一个令人称叹的市场奇迹。从市场的变化和海尔的行动中，我们能感受到信息社会给消费者带来的个人价值的体现，作为满足个性化需求最佳方式的个性化营销，必将成为新时期市场的新要求和企业市场营销战略的必然选择。

同为中国企业骄傲的联想集团在满足消费者个性化需求方面也做得十分出色。联想的掌门人柳传志说过："只要用户有需要，我们就要满足他们的需求。"

很偶然的机会，联想的工程师马雷、谢红潮在北京盲人学校看到了孩子们用电脑的情形。他们用的是普通的 PC 机，依靠一个语音软件来指导操作，但是这个系统并不能给盲人提供一个与外部世界沟通的工具。

为了让盲人能和正常人一样享受当代高科技给人类带来的方便和快捷、感受到现代生活的气息，他们决定从新的角度去设计开发产品。考虑到声音对于盲人具有良好的指导作用，他们就在电脑的每一个按键都加上了语音标识，以为这样会令盲人操作起来更简便。但是在实际的测试过程中，盲人用户却对这个设计标识产生极大的反感，因为他们感到自尊心受到了伤害。这件事使马雷、谢红潮明白了对消费者，尤其是对于残障的消费者，不仅要提供功能齐备、简便的产品，更要体现和维护使用者的尊严。

在开发的过程中，盲人常用的布莱叶文点阵显示技术成为了一个重大的难点，马雷测试了很多方式，考虑过用电磁铁、小电机、凸轮凸杆、凹轮凹杆、热敏器件、气动弹簧等等。由于将布莱叶文和汉语拼音及英文字母对照起来需要靠软件解决，而在这方面没有现成的软件，于是谢红潮从构建数据库开始，耗费了大量的心血和精力，在很短的时间里设计完成了这个软件。一款由工业设计中心研发人员自主设计和研发的盲人电脑终于诞生了。这款电脑不但满足了盲人朋友的个性化需求，而且让消费者看到了联想的真诚与热情。

投影仪遥控器也是联想人秉承“尽可能地满足客户需要”理念开发出的新产品。投影仪遥控器是谢红潮博士发明的。谢博士是一个非常细心的人，在平时的日常工作中，他非常善于留意那些别人注意不到的细节问题。他发现，一些教师和经常使用投影仪的朋友在使用投影仪的时候，讲话的人必须固定在计算机旁翻页。而通过他开发的这个类似于电视遥控器的装置，讲话的人可以不必站在电脑旁边用手去按鼠标翻页了，可以方便地拿着遥控器在会议室里来回走动。投影仪遥控器满足了经常开会的特定人群的需要。

现在市场上的产品层出不穷，令消费者眼花缭乱。于是，在买方市场的基础上对于新的服务模式“个性化需求”，越来越得到消费者的赞赏。不要总抱怨客户的要求，只有满足客户的需要，企业的口袋才会是沉甸甸的。

35. 与狼共生共赢

现在没有任何一个企业可以打败它所有的竞争对手，也没有任何一个企业可以满足用户的所有需求。为了市场资源的共同获取，企业应该考虑的是怎样提供让消费者满意的产品，在这个基础上与竞争对手形成“竞合”的关系，最后形成双赢发展。

张瑞敏名言

如果过去说与狼共舞，我想现在应该改一句话：与狼共生共赢！大家如果共同提高，都会有市场份额，都会取得发展。所以我认为如果共同提高，都会有市场份额，都会取得发展。

竞合的基础在于优势互补；竞合的方式是资源互换；竞合要达到的结果是双赢发展。

张瑞敏经历

随着中国加入WTO以后，世界上大的跨国公司基本上都进入了中国市场，像日本的7大家电制造企业，都在中国有工厂，韩国的家电企业也有很多，美国的惠而浦、美泰克、GE，还有欧洲的西门子、飞利浦等也都陆续到中国来投资建厂。

看到国内市场一下子高手如云，国人开始为海尔担心，海尔有实力与这些大企业竞争吗？对此，海尔的掌门人张瑞敏有自己的看法，他说："在互联网时代，企业应推倒两堵墙：一是企业和企业之间的墙要推倒，企业之间不再仅仅是一个单纯的竞争对手的关系；二是企业内部各个部门之间的墙要推倒，否则就无法感觉到市场的反应。在互联网时代，没有一个企业可以消灭或打倒所有竞争对手，也没有一个企业可以满足所有市场上消费者的所有需求，所以大家必须联合起来。"

2002年1月8日15:30，在日本大阪新大谷酒店，海尔集团与日本三洋电机株式会社联合举行新闻发布会，向外界公布了一个令世界为之一振的消息：海尔集团与三洋公司合资成立一个新公司——"三洋海尔株式会社"。该公司的成立标志着双方建立了一种新型的关系——竞合关系，这种关系将会使双方互换市场资源，进而创造更大的市场。同时竞合关系的确定，也标志着海尔的国际化战略发展到了一个新的、更具国际竞争力的阶段。

海尔与三洋的合作由来已久，主要在空调产品的技术合作以及零部件采购等领域。但双方最后能达成竞合关系，说明双方有合作的前提。首先，海尔和三洋都制定了国际化发展战略，他们需要把他们的产品输出到全世界。其次，双方各有优势，如果进行全面的合作，就可以进行优势互补和市场资源的共享，尽可能地发挥自己的优势。比如说，海尔位于世界白色家电500强，提供的产品款式等具有非常强大的竞争力，而三洋是基础的元器件如集成电路制造等方面的专家，在日本的实力也是数一数二的，如果以最强的产品款式配以最强的基础元器件，那制造出的产品必然更加完美，以这样一种优势互补的方式，向世界的消费者提供更好更新的产品。

合作的同时，双方也没有忘记自己是彼此竞争对手的事实。但海尔同三洋对他们之间的"竞争"看得很透，他们都知道自己是对方的对手，但不是唯一的对手，也没有必要一定要将对方打倒，因此对抗不如对话，竞争不如竞合。

在竞合关系形成后，双方都收获不少。通过合作，双方的用户资源得以共享，通过双方在本国的强大的销售渠道，创造了更多的用户。在此基础上，双方又进行了更深一步的技术合作，大大节省了双方在异国开辟新市场所需花费的投资、时间和精力，从而达到高效、高速扩大产品市场的目的。

日本被公认是全球家电产品最难进入的市场，但海尔通过与三洋的合作迅速在日本站稳了脚跟，是竞合关系让海尔与三洋达到了企业竞争的最高境界，是竞合让双方发挥了品牌合作的优势，为世界市场提供了有竞争力的产品！

成功启示

进入21世纪以来，由于中外企业间的竞合风起云涌，技术上的信息化、竞争视野的国际化、产品结构的多元化已经把企业带进了一个全新的时代——竞合时代。

什么是"竞合"？有人将竞合描述为"企业间即含竞争又含合作的关系"。其实，所谓"竞合"，就是以彼此间资源共享、整合配置、价值链接的合作来共同参与更大规模的竞争。

海尔通过竞合模式“兵不血刃”地“杀”入世界家电王国日本，如果没有采用竞合模式，相信海尔的国际化道路将会走得很艰难。概括“竞合”关系的内涵，张瑞敏说：“竞合的基础在于优势互补；竞合的方式是资源互换；竞合要达到的结果是双赢发展。”

“联想教父”柳传志在与海外企业的竞争合作中，一方面采取跟踪策略，与国外企业展开技术竞争合作；另一方面，又向国外企业学习战术，展开市场竞争合作。柳传志认为：“在一块蛋糕的分配上，必须去‘竞争’，才能实现企业发展的目标，分到更大的蛋糕。但是同时，企业也需要合作。利用‘合作’的优势，在整个产业现有的基础上，将蛋糕充分做大，才能保证企业能够长足发展。”

中国国际海运集装箱集团（简称中集）从一家25年前还寂寂无名的集装箱企业，从最基础的干货集装箱起步，一步步夺取干货、冷藏、罐式等集装箱领域的世界头号生产商交椅，成为全球集装箱领域的双寡头之一。它的成功秘诀就在于：“与狼共舞”，借力打力，在与跨国公司的竞争与合作中成长。

在1995年进入冷藏箱业务时，中集总裁麦伯良就作出一个富于挑战性的决策。那时候，世界上95%以上的冷藏箱产品都是铝的。“在这个领域最先进的两个国家是德国和日本。日本人说用铝，而德国人告诉我未来是用不锈钢的。”经过仔细的分析研究，麦伯良最终认定不锈钢制冷箱才是未来的方向，并在重重反对意见之下决定使用不锈钢技术。与德国合作，麦伯良是冒很大风险的，作为掌握钢制集装箱技术的德国企业，本身并非业内知名的制造商，只能通过规模化生产才能显现效益的技术专利，如何推广才是他们真正关心的。

引入德国企业这样的弱势合作伙伴，对中集很有利，一方面在“把引进技术变成自己的技术”这个路径上扫清了障碍；另一方面能利用自己在全球市场份额上的优势，对已经相对定型的世界集装箱市场“重新洗牌”，通过行业标准的改变迅速占据了国际市场的绝对优势。

1995年3月，中集投资5000万美元在上海成立中集冷藏箱有限公司，德国 Graaff 公司参股 2%，并向中集出售关键设备，授权上海中集使用其 12 项关键专利。

在获得专利授权的同时，中集迅速开始了一系列自主创新。据中集集团技术管理部副总经理刘春峰介绍，一系列的自主创新，不仅使得冷藏箱品质大大提高，而且为公司带来了更加明显的成本优势。

在尝到了新技术的甜头后，中集又马不停蹄地进入了更高端的罐式集装箱、折叠式集装箱以及其他特种集装箱领域，在这些领域，类似的“竞合”故事再次不断上演。中集通过与跨国巨头的合作来借力打力，然后在竞争中取得优势。

很多人总是认为竞争就是对抗，就是拼杀，一定要打出个结果，分出个胜负。时代已经改变了，竞合战略才是 21 世纪企业国际化战略的趋势。竞争与合作是不可分割的整体，企业通过合作中的竞争、竞争中的合作，实现共存共荣、一起发展，这是竞争所追求的最高境界。

36. 创新渠道网络

哪个企业做好了渠道网络，哪个企业就掌握了角逐未来市场的原动力。海尔吸取国外的先进经验的同时，在此基础上创造了更为先进、更加适合本企业的营销方法，这对海尔战胜强大的竞争对手起到了重要作用。

张瑞敏名言

海尔的渠道力量确实足够强大。我们的渠道与服务网点已遍布中国五六级市场，甚至进入一些村子。

张瑞敏经历

2005年，海尔电脑作为IT界最大的黑马，迅速占领了相当份额的市场，海尔的行为刺激着同行们的神经。海尔——一个从事白色家电制造的企业，为何能迅速跻身于国内IT精英的行列，原因是什么？

其实，海尔电脑的成功依托的就是海尔能直面终端用户的特点，为此海尔走了一条很有创新性的渠道之路。

为了让消费者能迅速知道海尔电脑，海尔首先利用其20年来在家电市场积累的丰富渠道资源、有效的经营理念将海尔电脑这一新兴品牌通过家电渠道以最快的速度推向终端用户，让其得到用户的认可。

海尔电脑在家电卖场的迅速推广，并没有让海尔满足。接下来，他们又将目光盯在了IT卖场上。2004年3月，海尔在中关村建立了首家3C体验中心，与索尼、三星、苹果等著名厂商同台竞技，同样的做法很快就在全国范围铺开。2004年5月初，海尔笔记本的广告大规模登陆北京中关村的显眼位置，让很多普通消费者纷纷发出这样的感叹："海尔也做笔记本了，看起来势头很强啊！"

2005年，海尔又推出重量级举措，制定了将3C（计算机computer、通信communication、消费类电子产品consumer electrics）渠道全面融合的渠道策略。同年5月，海尔电脑先后与恒昌、百脑汇等专业IT渠道商合作，将体验店作为其IT专业渠道铺设的主要方式。以每个月100个店的速度在全国范围内建设"海尔3C数码体验店"：北京海龙、鼎好、百脑汇、硅谷等电脑城、上海百脑汇、广州电脑城、郑州百脑汇……一时之间，海尔3C数码体验店随处可见。

时任海尔华南事业部总经理高以成表示，海尔做电脑关键要靠创新理念，"如果我们用做白色家电的思路做IT，别人会说我们外行管内行；如果我用做IT的方法做IT，我们永远也赶不上前面的厂商，所以我们把家电的创新与勤奋同IT的转移和速度结合起来，创造出海尔的IT模式。"

莱西模式是海尔3C渠道全面融合的典型。通常IT专业渠道只能覆盖到县，而海尔的家电专卖店则早已渗透到乡。莱西是青岛周边的一个县级城市，所谓的莱西模式就是海尔将 IT 专业渠道与 3C 二者的优势结合在一起。海尔的具体做法是：首先把当地的县级 IT 专业渠道发展成合作伙伴，然后在海尔家电专卖店中摆上海尔电脑的样品。一旦消费者有购买的意图，让 IT 专业渠道给用户送货，每销售出一台电脑，渠道给专卖店 100 元到 200 元的奖励。海尔在全国有 2000 个县级专卖店和 20 万个农村代理店，这种新的渠道让海尔电脑有了更广阔的市场。

截至到 2005 年年末，海尔电脑的 3C 渠道伙伴已达上百家，传统 IT 渠道如海龙电子、科贸、硅谷电脑城等都已成为海尔电脑紧密级合作伙伴。此外，海尔还在海外开设了 18 个贸易中心，发展了 175 位专营商，海外经销和服务网点达到数万个。

如今众多消费类的电子企业，已经很难再单纯地把他们定义为家电企业或者通信、IT 企业，3C 融合的模式已经在他们身上得到了充分的体现。3C 融合已经给信息产业带来了新一轮的洗牌，巨大的商机已经出现。海尔掌握了先机，这势必会给海尔带来巨大的财富。

成功启示

3C 渠道融合是家电产业和信息产业渠道发展的必经之路。海尔集团副总裁周云杰在接受记者采访时说：“3C 融合必将成为大势所趋，但是，3C 是不是主要指家电向 IT、通信融合的路径却不一定。必须看到的是，我们无法忽视营销模式和渠道的 3C 融合。而从现在看来，IT 领域的竞争由过去的技术、产品竞争逐渐转向企业资源整合的竞争，转向规模实力、运营能力、信息能力的竞争，这些都是海尔长期积累的优势。因此，要说 3C 融合，家电领域所擅长的规模化、低成本、强渗透、大覆盖面的运作方法应该更为 IT 领域所效仿。”

由于近年来竞争异常激烈，家电业和 IT 业已经出现了增长乏力之势，3C 渠道融合让家电、IT、通信相互缠绕，使乏力的市场又添生机。自海尔率先实施 3C 渠道改革后，海信集团也高举“3C”大旗确立了“成为最有价值的面向 3C 融合业务的高科技公司”的企业目标。

随后，海信通过全方位的整合，完成了从企业内部到上下游产业价值链各环节的利益及协作关系。在人才储备、生产基地、产品策略、供应链体系、销售前端体系、渠道、后台信息系统、产品品质检验体系等方面全方位完成了面向3C的布局，实现了从单纯的PC生产企业转向3C融合领域领导型企业的本质性变革。在2004年，海信数码完成了IT渠道、数码渠道、家电渠道的同步拓展的渠道布局，为家电渠道、通讯产品渠道、PC渠道的逐步融合奠定了基础。

3C渠道融合给海信数码带来了巨大的市场空间，同时也给海信提出了更高的要求，那就是变革。海尔必须从技术与制造端提供更多更全的产品及应用方案，对客户端提供尽可能全面的需求满足，只有这样才能有足够的实力和手段占领市场。完成3C渠道融合的海信势必在中国风起云涌的3C市场中迅速崛起、引领风骚。

经常听到业内人士说："渠道制胜"。在数字化技术迅猛发展的今天，谁也不能否认3C渠道融合是家电类企业渠道建设的大势所趋。事实上，3C渠道融合模式在国外早已十分流行，并产生了一些经典的经营模式和成功的渠道商。比如日本的秋叶原和韩国的某电子电器主题卖场。家电、手机、电脑、餐厅、电影院和游戏厅融合在一起，也许，这正是国内家电、通讯和IT卖场的未来发展写照。

37. 市场的难题应该是科研的课题

很多企业认为发明就是创新，这造成了科研机构与生产严重脱节。其实市场的难题应该是科研的课题，课题要围绕市场来做。发明不一定是创新，发明者也不一定是创新者，只有转化为社会经济的活动并取得显著效益的发明才是创新。

张瑞敏名言

企业发展的一切，全是市场说了算。

60年代瞄准市场就如同打固定靶，市场是现成的，只要把成本降下来就有效益；改革开放之初，瞄准市场就如同打游击靶，产品围着市场转，为自己创造新的机会；如今，瞄准市场就如同打飞靶，需要有超前性，要有提前量。

张瑞敏经历

在很多人的印象中创新就是发明，只要是市场上没有的商品，不管它是不是在市场上有需要，都投入大量的人力物力去研发。其实这种认识和做法是不正确的，因为如果创新不以市场为出发点，一定会造成研发与生产脱节，导致很多科研成功被束之高阁，难以形成生产力。

张瑞敏在谈到市场时，有一个非常形象的比喻："市场的变化就像飞着的靶子，把握市场机遇就是打中'飞靶'"。我们都知道打飞靶不是一件容易的事情，除了要有过硬的基本功外，还要有很强的预见性，打靶的人必须要能预见飞靶的飞行方向、在空中的滞留时间，才有可能命中靶心。其实，张瑞敏的打飞靶的比喻就是想告诉大家一个道理：技术创新一定要围绕市场，市场才是检验技术创新成功与否的唯一标准。

多年来，张瑞敏一直给海尔的设计人员灌输一种理念："市场设计产品"，这与"为市场设计产品"不同。"市场设计产品"的主语是市场，主体是消费者，所以市场设计产品更加贴近市场、贴近消费者；"为市场设计产品"的主体是科研人员，市场往往是被动地接受。张瑞敏要让海尔员工明白，设计的价值必须为市场服务，脱离市场需求的技术没有竞争的优势。

海尔曾经兼并过一家企业，在参观过这家企业后，张瑞敏更加坚信自己的"打飞靶"理论了。这家工厂是贵州一家名为风华的电冰箱厂，原是兵工厂，后转而生产民用冰箱。在当时，这家工厂无论是在产量上还是在名声上都比海尔大。可就是这样一家颇具实力的工厂却很难在市场上生存、主动要求海尔去收购。

当张瑞敏前往这家工厂参观后，他发现，这家工厂的技术实力是非常强的，仅研究员就有200多名。同时，技术装备也很先进。按常理说，这样一家工厂应该有非常好的发展前景，为何最后沦落到了要请人收购的地步呢？通过两天的观察，张瑞敏找到了问题的根源。虽说技术是这家工厂的优势，但这家工厂的问题也出在了技术上。张瑞敏对这家企业的领导说："你们的优势是技术力量强，劣势是你们的技术力量太强，强大到不知市场在哪里。"

这家工厂的技术人员以前是从事高精尖国防产品开发的，突然转为开发民用产品后认为没有什么技术难度，甚至见到进口的冰箱生产线也认为非常简单，于是向上级汇报说："不用引进外国的生产线了，我们自己就能开发，而且设计得一定比外国好。"可是结果是，他们设计的生产线生产出来的产品，在质量上远远无法和外国产品比。最后，他们终于弄明白了，设计理想并不等于工艺理想，单机质量并不等于联机后的质量，生产线上的一丝差距，反映在冰箱成品上就成了非常大的问题。因此说，关起门搞技术创新是很危险的，这样容易迷失方向。

海尔洗衣机初入韩国市场时的销售成绩很不好，但原因一直没有找到。一次，张瑞敏来到一位韩国朋友家做客，他发现很多韩国住宅的阳台都是敞开式的，不像我们国家习惯把阳台封闭起来。而且韩国人为了防止下雨天进水，还把阳台地面都设计出一个大约12度的坡度。这时，张瑞敏找到了海尔洗衣机产品在韩国滞销的原因：海尔生产的洗衣机的"脚"是固定的，放在这个有坡度的阳台上，肯定不平稳，这直接影响了产品质量和洗衣效果。了解原因后，张瑞敏立刻回国找到研发部的同事，及时调整了产品设计，把洗衣机安上可调节高度的"脚"，再加上海尔产品优良的品质，海尔洗衣机在韩国市场上逐渐被消费者认可，销售额也随之有所提高。

张瑞敏常说："创新一定要与市场相结合。"据统计，海尔集团仅在1998年就完成新产品、新技术创新262项，有236项成果实现了商品化，商品化率达90%。如此高的商品化率说明海尔的技术创新一直瞄着市场，这也是海尔产品广受消费者喜爱的重要原因之一。

成功启示

经济学意义上的技术创新，不同于一般的科学技术成果，它是被市场接受而实现商品化的科技成果。因此，技术创新具有两重生命：技术生命和市场生命，它是两重生命有机结合的产物。

技术创新的技术生命在于创新成果的使用价值，在于技术上的先进性、适用性、经济性、安全可靠性；技术创新的市场生命在于创新成果的市场前景，主要包括其市场容量、市场占有率、赢利性。所以说，发明不一定是创新，发明者也不一定是创新者，只有能转化为社会的经济活动并取得显著经济效益的发明才是创新。

陈天桥作为盛大公司的总裁，曾获“2004年全球青年技术创新杰出人物100名”（简称TR100）称号，该评选由全球权威科技类杂志《麻省理工科技创业》授予。旨在表彰全球范围35岁以下、从事技术研究、技术创新以及在创新技术商业化方面作出贡献的企业家。

如果说六年前陈天桥获得这一奖项是因为他对网络游戏商业化所作出的突出贡献，但经过六年时间的积淀，盛大目前在诸多领域的尝试，都是围绕“新技术与市场”结合的想法。

在2010年两会召开期间，在会间陈天桥就提出“结合新技术改造传统旅游行业”。陈天桥说：“盛大一直追求的是用新技术改造和创新原有的文化内容产业，在文化部、国家旅游局出台了《关于促进文化与旅游结合发展的指导意见》之后，也作了一些思考。中国自然旅游资源丰富，但如果仅仅是简单地开发利用，不仅会造成资源的浪费，也缺少了可以传播的文化载体。”

出于对市场的考虑以及对中国旅游业未来发展的展望，陈天桥在两会上提出：积极落实《指导意见》并鼓励创新性文化企业通过资本、技术渗透的方式，进入传统旅游业的市场，尽快促进我国旅游产业的转型升级。

2010年，盛大成立了旅游公司，标志着盛大正式进入旅游行业，并开始实践用互联网线上资源来推广线下旅游资源等一系列新想法。与此同时，陈天桥还特别强调了“物联网”的重要意义，他说：“物联网技术是互联网之后的另一次科技革命，在智能交通、环境保护、政府工作、公共安全等领域前景广阔，也将对中国的物流、电子商业、旅游、娱乐等产业产生重要的影响。”据陈天桥自己透露，盛大现在已经建立起在线这个‘云计算’平台，他打算借助这个平台支持，把物联网技术引入到传统业务中来，促进互动娱乐产业的发展。

很多企业经营者都知道创新的重要性，但是却忽略了创新市场化的问题。其实，企业技术创新的目地在于提供符合市场需要的产品或服务。市场制约着一切，决定着企业的生死存亡。海尔多年的研发经验告诉我们，卖点开发要先于市场开发，市场开发要先于产品开发，市场才是检验技术创新的唯一标准。

38. 抢占科技制高点

占领科技的制高点不但决定国家的未来，也是决定企业未来和生死存亡的关键。企业如果想在竞争中取胜，占领行业制高点，打造世界品牌就必须发展高新技术。高新技术的不断涌现和革新，促进全球产业结构发生了根本性的变化，对社会经济及人们思想观念产生了广泛而深远的影响。

张瑞敏名言

企业创新的精神动力和目标就是创民族品牌，而这个民族品牌也就是世界品牌。

海尔以追求自主知识产权的自主创新为基础，打造一个国际竞争力较强的优势企业，就是要打造一个有国际品牌竞争优势的企业，就是要打造一个世界级的品牌。

张瑞敏经历

海尔为扩大市场份额，每年都投入极大的资金和人力资源重点进行高新技术研发。海尔要通过技术创新来抢占科技制高点继而创造市场热点。

海尔的变速洗衣机就是海尔技术创新的典范。海尔直接根据用户的意见，把握消费者的真正需求，采用国际先进的技术，研发出了海尔变速洗衣机，以此占领了洗衣机市场。

20 世纪 90 年代末期，国内的洗衣机基本没有变速的，都只有一个转速。海尔在进行洗衣机市场调研、分析时发现：用户在使用洗衣机时，最烦恼的是同一台洗衣机只有一个洗涤速度（约 150 转/分钟）、一个甩干速度（约 800 转/分钟），这样就会出现有的衣物因洗涤、甩干转速过高，尽管洗净比也很高，但既费电，磨损率又高；而有的衣物则因为转速过低而出现洗不净、甩不干的问题。

如何研制出一种可以匹配不同衣服洗涤要求的洗衣机成为海尔人迫切要解决的问题，同时这款洗衣机还要求达到最少耗电、最低磨损、最佳的洗涤效果。1998 年，海尔全体技术人员开始攻关，夜以继日地进行研发，最后，在大家共同的努力下，海尔率先推出了代表当时波轮洗衣机最先进水平的变速洗衣机。

海尔推出的新型变速洗衣机有效地克服了传统洗衣机存在的问题，洗涤时波轮转速从 70 转/分钟到 180 转/分钟，甩干时内桶转速从 350 转/分钟到 900 转/分钟可进行选择，实现了不同的面料衣物、不同的脏污程度可以选择不同的速度进行洗涤和甩干，从而实现了比普通洗衣机节电 50%、磨损率降低 36%、洗净比提高 22%。同时，结合全球水资源匮乏，特别是中国水资源严重紧缺的实际情况，海尔变速洗衣机采用“2 合 1”专利节水技术，实现比普通洗衣机节水 50%。

此款洗衣机一面世，立刻引起了热销。在青岛上市的当天就突破了新品上市销量的历史记录；在上海、北京、广州等大城市，海尔变速洗衣机成为众多追求高品质生活的消费者的首选。海尔人的技术创新意识和能力不仅让海尔抢占了市场先机，更引来了社会舆论对海尔精神的惊叹。目前，一些发展中国家的家电业在技术上尚处于模仿、引进阶段，但这不是长久之计，中国家电业需要从技术创新上抢夺科技制高点。因为要领跑全球家电制造业，必须先掌握核心技术和核心部件，自我配套能力和技术领先是中国家电业持续竞争力的关键。

成功启示

技术创新已经成为现代企业实现经济实质性增长的基本途径，并且逐步成为企业的自觉行为，其动力源自经济全球一体化的影响和我国对企业技术创新的普遍重视。无论是发达国家还是发展中国家，无一例外地纷纷强调技术创新，唯恐在激烈的国际竞争中被淘汰。

技术创新不仅属于技术范畴，更是一个经济范畴的概念，是一个从新技术的研究开发到首次商业化应用的系统工程。它强调技术进步与经济发展的紧密结合。一个企业如果没有自主创新和核心技术，就只能在市场上随波逐流，可见技术创新对企业发展而言是多么的重要。海尔之所以有如此强劲的竞争力，就是因为有自己的核心技术，这都是技术创新的功劳。

近期，引起各界关注的“康奈”就是靠着技术创新走出了一条自己的路。在金融危机冲击和产业结构调整的关键时刻，作为中国鞋业领军品牌的康奈释放出转型升级的强有力信号，其核心力量来自企业的“技术创新”。

康奈从一个小作坊起家，发展到今天，已经成为了一个声名显赫的国际化、现代化大集团。有人说康奈的成功是靠艰苦奋斗的创业精神，有人说是凭敏锐快捷的市场触角。但真正起主导作用的是康奈领先一步并坚持不懈的“技术创新”。

康奈于1980年成立，至今已经有30年的历史了，这30年就是它的技术发展史。从首开温州鞋业机械化生产之先河到第一个成功投产中国欧版高档鞋“大利莱”，从牵手世界鞋类权威研究机构SATRA到组建由中国、意大利、西班牙等多国设计师组成的国际研发团队，从280多道精细工序500米作业流程到13项核心技术30多项技术专利，从破解“固特异工艺高档皮鞋量产技术”这一世界难题到多项舒适鞋技术跻身“国际先进”行列，康奈持续以技术创新，不断提升产品的附加值、品牌的含金量和企业的竞争力。换而言之，如果离开技术创新，康奈就不会有今天领先、领跑行业的地位。

世界著名的管理大师彼得·德鲁克在《创新和企业家精神》一书中作过精辟论述："所谓企业家经济，其本质就在于实施'有目的、有组织的系统创新'。以'技术创新'为核心，符合'创新是企业家精神的本质'这一论断。"

今天，我国有很多企业在从事着OEM，为外国企业做加工代理，挣着可怜兮兮的加工费。如果我们能掌握核心技术，我们的处境就会改变。如何掌握核心技术？靠的就是科技创新，企业必须以市场为前提，有步骤、有计划地实施自己的技术创新策略，争取抢占科技的制高点。抢占了制高点就意味率先抢占了市场，抢占了消费者的心。

NO. 4

与狼共舞

如同登山，你所到达的位置越高，危险当然就越大。一旦失手，就是万劫不复。在这个行业里，发展得越快感到自己知道的东西就越少。我不会因为风险大而退避三舍，也不认为任何事都会成功，我觉得一要积极进取，二要非常慎重。因为市场不给你犯错误的机会，也不给你改正错误的时间。

39. 我们不是“居安思危”，是“居危思进”

“山重水复疑无路，柳暗花明又一村”，企业最困难、最危险的时候，恰恰也是企业峰回路转的时候。如果能够“居危思进”，将危机转化为机会，变劣势为优势，企业才会有所发展。

张瑞敏名言

我们不是居安思危，我们是居危思进，因为我们本身不存在“安”这个概念……我们每天的心情都是如履薄冰，如临深渊。

张瑞敏经历

张瑞敏是一个有危机意识的人，他超前的危机意识让许多人望尘莫及，就在很多人提倡“居安思危”的时候，张瑞敏已经在强调“居危思进”了。张瑞敏说：“其实我从来都没觉得‘安’过，而是每时每刻都感觉到‘危’。我们没有‘安’可居，我们只能够‘居危思进’！我们没有时间，市场不允许我们躺在过去的成绩里自我陶醉了。我们必须清醒起来，振奋起来，只有这样，我们才能有足够的实力，去跟那些国际大公司同台竞争！”

只要是经营企业都会遇到危机，如果谁想完全与危机绝缘，那一定是在异想天开。既然危机躲不了，那么预见危机、处理危机就成为企业领导者的必修课。以前我们常说：“做企业一定要有危机意识，要居安思危，这样才能避免危险。但是现在的市场环境已经没有所谓“安”了，因此企业领导者一定要在变化莫测、危机四伏的市场环境中，练就“处变不惊、临危不乱”的真功夫，在危机中抓住机遇，引领企业的发展。

1998 年爆发的亚洲金融危机几乎重洗了亚洲家电市场的分布格局，但海尔不仅出口未受东南亚金融危机的影响，而且在危机中抓住了机遇，使海尔品牌在东南亚地区迅速赢得了声誉。

危机刚刚爆发的时候，海尔在印尼和马来西亚都建有企业，当时都很不景气。但海尔根据市场调查预见到，一段时间后市场会恢复。因为东南亚的家电消费者是因为危机才不敢消费，并不是说市场饱和了、消费者不需要家电了。于是，海尔没有像其他家电企业一样退出家电市场，而是不失时机地在这些国家投放了很多广告，而且都在非常优良的地段，广告的价钱只相当于金融危机前的三分之一左右。待金融危机过后，市场对家电的需求直线上升，正如海尔当初预言的那样。

对于这次危机中海尔的表现，《贸易风》是这样评论的：“海尔已经依靠超前的战略眼光和优质的产品质量与日本、韩国等雄踞东南亚市场的‘老牌劲旅’形成分庭抗礼之势。”

危机后，海尔品牌在东南亚地区很快就享有了非常高的声誉，其冰箱、冷柜、空调、洗衣机、小家电等产品以其个性化的设计、优越的性能、品牌的美誉越来越受到东南亚地区消费者的喜爱，海尔产品在东南亚市场的销售量一度占到海尔海外出口总额的 16%。

面对危机，海尔不但未受到影响，反而在危机中抓住了机遇。这在管理哲学中被称之为管理机缘论。因此，危机管理时刻体现着企业的价值观、方向感、责任感和管理哲学思维，以及如何将风险化为机会的灵活机变。

海尔在东南亚危机中的表现，让我们看到了一个成熟的企业是如何处理危机的，他们不惧怕危机，甚至利用危机，在危机中求得了企业的生存和发展。海尔的危机意识，即危机管理能力，非常值得其他企业去效仿和学习。

成功启示

现代企业经营面临着日益复杂的外部环境，竞争越来越激烈，不确定风险日益增多。虽然很多企业都已经有了危机意识，也都采取了一些措施去规避风险，但风险就像是在大海中航船不能躲避风浪一样，躲是躲不开的。

兵法有云："以正合，以奇胜。"经营也是一样。企业一方面要透过外部环境发展变化的趋势，事先觉察各种可能出现的危机，提前做好应对准备；另一方面，更要"居危思进"，当外部环境发生预料之外的变化时，要沉着冷静，临危不乱，尽可能地借助一切可以利用的资源和手段减少损失，甚至利用危机扭转不利局面，转"危"为"机"，将劣势变为优势，化被动为主动。

2005年中国暴发了禽流感，一时间大家"谈鸡色变"。在广东，从前是"无鸡不成宴"，此时变成了"有鸡无鸡都成宴"了。

面对危机，肯德基的应对态度十分积极，显示出了一家大型跨国公司出色的危机处理能力。肯德基广东区市场经理立刻召集各大媒体，在广州维多利广场首层的肯德基店内举行危机公关，就其安全的鸡肉供应体系作了长达半个多小时的介绍，并向全社会庄严承诺：肯德基有完善的系统与措施，有信心、有能力为消费者把好安全关。

在场的消费者与记者们共同听取了肯德基的介绍，一位消费者说："原本就感到没必要恐慌，在听过介绍后，明白了他们是如何把关鸡肉食用安全的，鸡肉必须经过2分30秒到14分30秒、170℃以上高温烹制，感觉完全没有问题。"

肯德基作为一家以鸡肉为原材料的企业遭遇禽流感，本来是一件对企业很不利的事，但是他们通过积极的媒体对话向社会传达了有效的信息，消除了消费者的疑虑，化危机为商机。

此次危机转化成功，不是肯德基的幸运，而是其丰富的危机管理系统起到了作用。据业内人士透露，在全国，每一家肯德基店，每天都对各项关键信息进行跨部门的掌握、汇总、解读、讨论及处理。这一项工作是金字塔形的，通过每个餐厅、每一基层负责人的每日追踪，每天午前向上海总部最高层汇总，对不同事件分为一级、二级、三级和特别级四类进行应对处理。针对此次禽流感危机，肯德基很早就启动了每日追踪机制，所以在危机来临的时候，肯德基不但出台了积极的、有效的应对措施，而且抓住了危机中的机遇，在危机中促进了企业的发展。

“风起于青萍之末”，在激烈的市场竞争中，根本没有所谓的“安”，企业时时都处在危机之中，如果你想像海尔和肯德基一样转化危机为商机，就必须锻炼自己随机应变的能力，只有能将危机转变成机遇的企业，才是力挽狂澜的真英雄。

40. 问题应该消灭在萌芽阶段

积极主动地发现并解决企业存在的潜在问题，把危机消灭在萌芽中，而不是等到危机出现后才去解决。这是问题管理与危机管理最大的不同之处。

张瑞敏名言

海尔注重问题管理，而非危机管理，就是把企业出现的任何危机问题消灭在萌芽状态。

张瑞敏经历

张瑞敏在谈到彩电业的危机时说过这样一句话：“彩电业目前的经营困难可谓冰冻三尺非一日之寒，实际上是企业缺乏创新动力，无法不断拿出满足市场需求的产品。海尔注重问题管理而非危机管理模式，就是把企业出现的任何危机问题消灭在萌芽阶段，并通过最大限度地创造市场需求来赢得市场份额。”

张瑞敏所说的问题管理是以解决问题为导向，以挖掘问题、表达问题、归结问题、处理问题为线索和切入点的一套管理理论和管理方法。也可以说，问题管理就是借助问题进行的管理。企业通过问题管理能迅速获取市场需求的信息，还能防患于未然。

张瑞敏认为，如果问题出现了再去解决，这是企业的问题。问题管理与危机管理最大的不同就是，问题管理是积极主动地发现并解决企业存在的潜在问题，把危机消灭在萌芽中；而危机管理是等到危机出现后才去解决的被动管理。

问题管理理论认为，凡是企业都有问题，而且越是优秀的企业，问题越多。也许每一个人都会发现一些小问题，但是要发现众多问题中的关键问题并不容易。以系统的视角、专业的方法，刨根问底地“发现问题”是问题管理的首要环节，然后将问题迅速解决，消灭问题于萌芽阶段是问题管理的关键。

张瑞敏用铁锤“砸”冰箱的行为曾表现出了他在问题管理方面的能力。在当时那个年代，很少人有危机意识，更谈不上了解什么是“问题管理”，但那时的张瑞敏就知道应该将问题消灭在危机阶段，否则当问题真的发展成危机后，企业就会花费更多的人力、物力去解决危机，反而得不偿失。张瑞敏在谈到问题管理时总是用我国古代著名神医扁鹊的故事举例，告诉员工们“防患于未然”的重要性。

据说扁鹊有兄弟三人，大哥医术最高，当疾病尚表现在皮肤气色上时，他就已经观察出，并简单地给病人服几剂药就好了，但大家以为他只能治小病，故名声不出乡里；二哥医术差一级，要等疾病已进入到病人的肌骨，才识别出并治好，但名声反而到了州郡；三弟扁鹊，医术最低，非要等到疾病已进入腑脏，病人已行将就木了，才知道去医，大动干戈，将之救活，结果反被尊为神医，举世闻名。

这个故事给人们的启示是：问题管理的终极目标是善于发现问题，并且把问题扼杀在萌芽阶段之中。

多年来我们很少听到有关海尔遇到危机的新闻，这并不代表海尔没有问题。海尔同其他企业一样也是存在问题的，但是为什么海尔的问题没有演变成危机，原因就是海尔人“防患于未然”的意识和超强的问题管理能力。在海尔，一旦有问题出现，绝不允许它自由发展，在它仅仅是个苗头的时候，海尔人就尽全力地将它消灭，这样一来小问题就变成了没问题。长此以往，降低了企业遭遇危机的风险，企业处于良性的发展状态，岂有不成功的道理？

成功启示

问题管理更强调细节管理，为什么这么说呢？问题管理的首要条件是要发现问题，而发现问题的过程不但要求人们具备专业知识、方法，还要求人们要有注意细节的好习惯。企业管理者的管理工作做得越细致，企业就越具有竞争力。

问题管理可针对企业的各个细节，发现问题，提出问题，解决问题，从而把工作落到实处。企业如果想作好问题管理，就需要建立一个高度灵敏、准确的信息监控系统，从服从企业战略出发，识别部门内部、外部潜在的危机，捕捉危机前的征兆性的信号，将归纳出来的潜在的导致危机产生的信息归类编号，输入到危机管理信息资源库中。然后根据信息库中的资源，制定出相应的政策，从而最大限度地减少乃至消除发生危机的诱因。与此同时，企业还要定期对以往国内外产生危机的企业现象进行多渠道、多方向、多性质的判别诊断，形成系统的危机信息，并以前者的经验建立相关的管理方案，加入并补充到危机管理信息库中。信息库的建立对企业的问题管理起到至关重要的作用，对企业战略的顺利开展具有很重要的意义。在信息库的帮助下，企业可以找出自己的薄弱环节，采取相应的措施，将问题隐患消灭在萌芽之中。

2003 年，惠普和上海大众将 EMCC（Enterprise Management Control Center，即企业监控中心解决方案）在上海大众的实施定位于问题管理，并一起制定了相应的问题管理流程。该管理流程其主要功能是分析已被列为问题的事件的根本原因，找出和建议永久性的解决方案，把已出现的问题的影响最小化，并通过找出已发生事件或潜在故障的根本原因来减少事件的数量或消除事件的再次发生。它的主要活动包括分析事件找出问题、分派问题、确定根本原因、找出解决方案以消除事件或在其发生时降低对客户或业务的影响。通过实行该措施，上海大众的 IT 服务有了飞跃性的提高。

现代企业的经营与管理，是一个充满变数的领域，充斥着各种不确定因素。作为一名企业的管理者，每天每时都会遇到这样或那样的问题，有些是意料之内的，有些是意料之外的，如果处理不当，问题就会发展成危机，搞不好企业就可能遭受“灭顶之灾”。三株的人命诉讼事件、秦池的勾兑酒事件、南京冠生园的陈馅月饼事件、银广厦的造假事件，这些看似由于对危机管理不重视而导致企业破产的事件，其根本原因是这些企业对问题管理的重视不够，他们就像是热水中的青蛙，对问题已经麻木了。媒体的曝光只是导火线，这些企业早已问题成堆，一旦酿成危机，企业根本没有抵御能力，倒下是迟早的事。

古语有云：“千里之堤，溃于蚁穴。”我们在经营企业的过程中不能忽视小问题的出现，必须加强企业的问题管理能力，努力将问题消灭在萌芽状态，只有这样企业才能远离危机，远离失败。

41. 解决问题要及时

企业处理危机的速度是与危机的危害程度成反比的，速度越快，损失就越小。危机发生的最初24小时内，危机的走向就已经完成了。

张瑞敏名言

对危机不回避，对危机造成的结果不避重就轻，对自己应该承担的责任不推卸，实事求是地解决危机问题。

张瑞敏经历

企业遇见问题是常有的事，但处理的方法却不尽一样。同样是跨国公司受贿事件，朗讯选择的是自曝家丑，而沃尔玛选择的是掩盖。不同的处理方法，导致的结果是不同的，真诚地道歉换来的是消费者的原谅，而一味地掩盖，只能让事态更严重。

海尔面对突发问题有一套自己的解决方法，海尔人习惯称其为“问题解决三步法”，具体内容如下：

第一步为紧急措施：将出现的问题临时紧急处理，避免事态扩大或恶化，紧急措施必须果断有效；

第二步为过渡措施：在对问题产生的原因充分了解的前提下，采取措施尽可能挽回造成的损失，并保证同类问题不再发生；

第三步为根治措施：针对问题的根源拿出具体可操作的方法，能够从体系上使问题得以根治，消除本管理工作中发生问题的外部环境。

在正确使用三步法的同时，海尔还强调注意九个控制要素：即前以述及的5W3H1S。

很多人之所以愿意使用海尔电器，原因是看中了他们的服务，海尔的服务能做得如此之好很大程度上是因为售后问题抓得快，抓得狠，问题一旦出现，就一定要在最短时间内得到解决，不惜代价。2006年5月22日，发生了一起“海尔博客门”事件。一名顾客由于购买的海尔冰箱出现了质量问题而要求调换，但因为种种事情，三天后新的冰箱才送到了他家。这名消费者对海尔的服务产生了质疑，并将自己的愤怒以博客的形式发在了“和讯博客”上。面对突然来袭的事情，海尔没有逃避，也没有推卸责任，而是迅速采取紧急措施，立即派遣服务人员以两个大西瓜作为礼物登门道歉，与这位客户认真地沟通了为什么三天后才把冰箱送到的客观原因。

海尔面对问题的反应速度以及态度让这位撰文批评海尔的消费者很感动，他立刻又在博客上撰文反馈了心情，他写道：“我很感动……因为我的一篇帖子，海尔派人上门沟通，让我有点自我感觉良好，感到作为用户受到重视。”而且从其他回帖中也可以看出，很多人对此事的看法有了很大的转变，从开始对海尔的负面质疑转变到客观中肯甚至是理解包容的态度。

从“海尔博客门”事件中，我们看到一家现代的大企业面对问题时的处理速度和老练手法，也看到了“问题解决三步法”的使用让海尔对企业危机的处理已经是轻车熟路了。

成功启示

每一个人的性格不同，每一个企业的性格也不一样，所以在面对问题时的反应也大不相同。但所有危机处理失败的案例都有一个共同点：面对危机时态度有偏差。在这些失败的案例中，企业对待危机的态度都是：愤怒、隐瞒、掩盖。其实这些都于事无补，因为这些都不会换来消费者的同情和原谅，唯有及时面对问题、正视问题、认真对待问题、敢于公布真相，企业才能争取公众的原谅，防止因为一些其他问题再次引起更为严重的问题。

面对危机，张瑞敏信奉的是“三不主义”，张瑞敏说：“对危机不回避、对危机造成的结果不避重就轻，对自己应该承担的责任不推卸，实事求是地解决危机问题。”“三不主义”让海尔总能平稳地战胜危机，走出困境。可能海尔的“问题意识”在国内很超前，但是这在发达国家却不是什么新鲜事，因为国外的企业早已树立了这一观念。他们认为问题是回避不了的，必须毫不犹豫地正视它，一旦发现苗头，就要彻底地检查，在检查的过程中找到危机的原因；一旦危机来临，不要隐瞒，及时向社会各界通报危机的真实情况。通常，企业处理危机的速度与损失是成反比的，处理的速度越快，损失就越小。往往危机发生的最初24小时，就决定了危机的走向。

百事可乐公司作为一家大型的国际跨国集团，他们成熟老道的危机处理能力，很值得学习。2003年6月初，国家质量监督检验检疫总局通报称，四川百事可乐饮料有限公司生产的一箱“七喜”柠檬味汽水二氧化碳指标显示为“偏低”。消息一出，立刻引起了媒体的关注，比如像《国家质检总局抽查饮品质量三种饮料今夏别喝》、《百事一款“七喜”汽水上黑榜》等标题的文章立刻充斥报纸的版面。导致的结果就是引起了消费者和经销商的强烈反应，百事产品的销量迅速下滑。

在其他人看来，百事可乐要倒霉了，说不好一场大危机要来了。但百事可乐公司作为一家大公司的防范和问题处理能力，让其不但平稳度过了危机，而且企业也未受到严重的不良影响。面对危机，百事公司的处理步骤如下：

第一步，召开紧急会议。对处理危机进行部署，对处理危机的各项事务作了有条不紊的安排，从而争取到了时间和主动权，避免了混乱。

第二步，公司最高层亲自面对媒体，向媒体表明公司的重视程度。事件发生后，百事（中国）投资有限公司董事长亲自面对媒体，表示百事将“杜绝类似事情发生”。

第三步，与国家质检部门沟通，申请进行复检，以还其清白之身。百事知道，面对国家权威机构的通报，任何辩解都是苍白无力的，唯有用正常途径向国家质检总局进行申诉，用事实证明自己的清白。

第四步，启动检测系统，防患于未然。处理危机的关键一点就是防止火上浇油，从而导致事态扩大。事件发生后，百事立即启动了检测系统，以确保市面上的百事产品是100%符合国家的标准。

第五步，向公众解释通报结果，减少公众的恐慌。事件发生后，百事公司通过媒体向公众说明，二氧化碳的作用主要是调节口感，其含量高低不会对饮用者的身体健康产生不良影响。

第六步，动员媒体进行正面宣传。百事公司同媒体的关系一直很好，所以在危机出现后没有出现“墙倒众人推”的结果，同时这也显示出了百事公司超乎寻常的媒体掌控能力。

客观地说，这次事件对百事公司还是造成了一定程度的不利影响，但由于百事处理危机得当，使影响控制在了一定的范围之内，损失降低到了最低限度。从6月9日出现负面新闻报道，到6月12日复检合格的报道铺天盖地，短短三天时间，百事公司化险为夷，打了一场漂亮的危机管理战役。

实际上，百事并没有用什么特殊的方法，只是自始至终保持开放的态度，与媒体和公众进行坦诚的沟通。从公司最高层到公司执行层，每一个人都把消费者的利益放在首位，而这些，恰恰正是危机管理的真谛所在。危机管理就如救火一样，必须迅速及时，必须措施得力，否则就会愈演愈烈，将所有的希望和梦想化于灰烬之中。

由此可见，作为企业管理者，想带领企业平稳度过危机，就必须在面对危机时“闻过即改”，做出相应的改进措施。这样做不但可以获得公众的谅解，还能让企业的形象不会受到损害，反而升华，以此赢得更多的信任和机会。

42. 抓反复、反复抓

中国许多企业失败在于管理流于形式，而实际上管理者行事一定要根据自己的目标来办，怎么有效怎么办，让下面的人摸清你的思路和意图。

张瑞敏名言

如果不从体系上解决问题，简单地就事论事，或以罚代管，就如同在大海航行中遇到冰川时，只知道砸冰山的角，而忽略了水面下更大的部分。因为冰山露出水面的部分只占了整体的八分之一，所以这种“砸冰山角”的做法最终的结果是使冰山露出的部分越来越大，最终不能航行。

张瑞敏经历

张瑞敏认为，作为企业的领导者必须有两方面的素质：第一是要有善于把握大局的能力，在眼前一堆事情里，领导者要能找出一个最关键的问题来。第二是要有对问题一抓到底的韧性。因此，海尔的各级领导者在张瑞敏的影响下对待问题都是从头抓到尾，而且还要抓出模式，继而将这个模式在海尔推广。

现在张瑞敏领导的海尔已经不是一个濒临倒闭的小厂了，仅员工就有数万人，但是张瑞敏还是喜欢亲自到基层去抓小事，因为他知道，有时候小事也能影响企业的发展。当海尔老总们在北京商场的海尔专柜上具体过问某些事的时候，一些同行业的老总说：“你们都做到这么大的老板了，还抓这么细小的事，真是不可思议。”张瑞敏回答：“企业管理中我信奉这么一句话：每天只抓好一件事就等于抓好了一批事，因为每一件事都不是孤立的，抓好了一件事会连带着把周围的一批事都带动起来。”

1997年6月19日，《海尔人》的记者发现海尔洗衣机公司三楼女洗手间的卫生纸盒被加了一把锁，这个现象引起了他的好奇，于是他问清洁工为什么这样做，清洁工的回答是：“员工素质太低，不加锁，纸就被人拿跑了！”

紧接着这位记者立刻在《海尔人》上发表了一篇名为《谁来“砸开”这把“锁”》的文章。文中指出：“这把锁暴露了两方面的问题：一是员工观念、素质亟待提高。上锁，这很简单，但是这锁能提高员工素质吗？卫生纸可以锁，但是其他问题呢？追根溯源，还是因为管理者头脑中有一把‘锁’：放弃了最艰苦的工作——教育员工、提高员工素质，而没有把教育人当做‘长期作战’的战略来部署。希望管理者能从头脑中‘砸开’禁锢自己思路的这把锁。”

文章刊登后，在海尔立刻引起了强烈的反响。集团大抓此事，让海尔上上下下对此事进行讨论，反思自身的素质，从而达到提高全体员工整体素质和思想作风的目的。

冰箱二厂厂长在广州出差，手下一名员工在上班时间打瞌睡，正好被张瑞敏抓到。对这样一件小事，张瑞敏很重视，并抓住它，狠罚了二厂的厂长。张瑞敏并不是小题大做，他有他的理由，在他看来，这件事反映了当时干部中的一种普遍思想倾向：企业发达了，日子好过了，即使在工作中出点毛病，也不是什么大事。其实，这样的想法是十分危险的，于是张瑞敏抓住不放，拿这位厂长开了刀，以威慑整个集团的干部。

了解海尔的人都知道他们的管理层有这样一句话：“要让时针走得准，必须控制好秒针的运行”，他们就是在强调“管理小问题”的重要性。海尔善于管理小问题，对小问题“反复抓，抓反复”的韧性让他们最终避免了很多“大问题”的出现。

成功启示

古人说得好，“不积跬步，无以至千里；不积小流，无以成江海”。如果我们不能认真地做好每件小事，就很难以小见大。管理企业也是一样，如果不能重视每一个出现的小问题，就很难在管理上有大作为。

多年来，海尔集团一直坚持“严、细、实、恒”的管理风格，将“抓小事、抓细节”提到了企业经营管理的重要层面上，以追求工作的零缺陷、高灵敏度为目标。把管理问题控制解决在最短时间、最小范围，实现了管理的精细化，消除了企业管理的死角，大大降低了管理成本，使管理达到了及时、全面、有效，每一个环节都一丝不苟，真正做到了环环相扣、疏而不漏。试想，如果海尔不是在细节上如此小心，可能当初的质量问题就已经导致其破产了，又怎么会有今天的海尔呢？

素有“经营之神”之称的日本松下电器的创始人松下幸之助说过：“不放过任何一个小问题”，松下也是靠着这一管理理念，取得了今天的成就。日本人很重视细节，这是全世界都公认的。以前中国从日本进口缝衣针的时候，很多人都感到惊诧：一个针还要买日本人的，看到了日本缝衣针才发现，我们常用的针是圆孔，而日本的针是长条孔，这是为照顾老人们眼花而设计的。

上海内环高架桥不允许 1 吨以上的小货车上桥的消息发布后，日本货车商就立即开始动脑筋。一个月以后 0.9 吨的日本小货车就在上海开始接受订单了。这些都说明了日本的企业十分注重细节，善于抓小问题。

沃尔玛的创始人山姆·沃尔顿如何从一个土生土长的乡下人成为一个商业帝国的缔造者，关键就在于他多年来对管理细节的重视。山姆·沃尔顿的工作时间，90% 以上是用来乘飞机巡视分店，与员工和客户交谈，阅读财务报表，召开星期六例会讨论分店的具体运营情况等等。每发现一个小问题，他都会立刻着手整顿，绝不允许事情扩大化。沃尔玛在他的细心经营下，成为了世界零售界的霸主。

像海尔、松下、沃尔玛一样，很多国际知名企业都是在日积月累的精细努力中，最大化地实现企业的价值，最终成就了自己的事业。它们在平淡中创造了伟大，用细节铸就了成功，这就是所谓的“大象无形”。

43. 爱说真话的《海尔人》

中亚古国花剌子模有一个古怪的风俗，凡是给君王带来好消息的人就会得到提升，给君王带来坏消息的人就会被送去喂老虎。如果企业的经营者都像这个国王一样，那这个企业离破产也就不远了。

张瑞敏名言

谁晃荡我们的目标，我们就应晃荡他的椅子、票子、面子。《海尔人》秉承的宗旨是：为了事业要敢于得罪人，如果你不敢得罪人，公司就要让你“自己得罪自己”，因为你得罪了工作。

张瑞敏经历

很多企业领导人都有一个共同的缺点——爱听赞扬话，虽说这不是什么大毛病，但是往往会导致很严重的后果。因为，一个人一旦陶醉在一片赞美之声中，就会忽略很多已经出现的问题。这时就需要有一个诚实、正直的声音告诉他，事实并不是这样的，企业是有很多问题存在的。

在海尔，负责时刻提醒张瑞敏和其他海尔员工“企业是有问题存在的”是一份名为《海尔人》的企业内刊。这份内刊一直保持着令很多新闻人自愧不如的坚守——当好航船的守望者，及时报告坏消息，甚至没有坏消息时仍当提醒大家的“乌鸦嘴”。

《海尔人》是一份对开四版周报，归海尔企业文化中心管理。1989 年创刊后就仅限集团内部发行，海尔员工几乎人手一份。在很多人看来，它的特点不在于在海尔的高覆盖率，而在于它长期、持久、犀利、准确的舆论监督。《海尔人》的宗旨是：为了事业要敢于得罪人，如果你不敢得罪人，公司就要让你“自己得罪自己”，因为你得罪了工作。

每一期的《海尔人》上都会点名批评一些人，目的是让员工与企业的价值观协调一致，引导和约束员工符合企业整体的价值标准。如果哪期《海尔人》上没点名批评一些人，张瑞敏就会去找主编，责问他原因，主编如果说近期没有问题的话，张瑞敏就会认为是主编发现问题的能力太差，或者说发现了问题而不敢揭露问题，如果是这样，主编也就没有资格待在现有的岗位上了。一位不愿意透露姓名的中层干部说：“《海尔人》几乎点名批评过所有副总裁，但它无论对谁总是出于公心和善意，决不搞人身攻击。”《海尔人》这种不留情面的、严格的舆论监督，加强了对员工和领导的约束，为海尔培养高素质的队伍起到了巨大的作用。

《海尔人》还有一个特点就是只要抓住问题，就会一追到底，直到解决为止。1997 年，戈风钰在担任海尔运输公司的总经理期间，运输公司一直成为员工抱怨和投诉的对象，《海尔人》在“工作研究”专栏连续登出名为《对员工说不的运输公司赶紧刹车》、《运输公司：切莫再吃这等家常便饭》、《戈风钰：真不好意思再说你》的文章，在这种严格的监控制度下，运输公司不得不重新调整工作。待到调整后，《海尔人》才算放手，停止了对运输公司和戈风钰的口诛笔伐。青岛工贸售后服务经理齐云山在谈起《海尔人》时说过：“《海尔人》的一个最大特点就是爱演‘连续剧’，抓住问题一追到底，直到解决。”

在报道方式上，《海尔人》找典型、查案例，永远用事实说话，避免空洞的说教。《海尔人》的头版曾大篇幅地刊登过海尔荣获“世界最具影响力的 100 个品牌”的报道，但是在倒头条位置，却是一篇《我如何成为创世界名牌的人》的述评，其中一段黑体字特别突出地写道：“不要以为我们已经就是世界名牌了！因为进入世界 100 个世界品牌不等于站住了，进去了也可以出去；即便站住了，现在也只排在第 95 名，也还有很多品牌在我们前面……”

在批评和自我批评已经成为很珍贵的稀缺资源的今天，《海尔人》的存在，做了一只使得“人人自危”的“乌鸦嘴”，用雪亮的眼睛发现问题，揭露问题，最终解决问题，更彰显出自省的可贵。

成功启示

长寿是企业共同的追求。企业如人，要想长寿，关键是健康，但健康的表现是什么？就是疾病少，也就是问题少。在已经处于开放的经济环境中，市场因素对于企业健康的影响往往也呈现阶段性和多样化，管理体制的完备未必能实现可持续发展，影响企业健康的因素很多，包括体制、模式等很多因素。但最根本的应该是企业是否有自省的意识，是否敢于揭示自己的问题，敢于承认自己的错误。如果企业一味地沉浸在功劳簿上，失败是迟早的事情。

很多企业内刊都充当登枝喜鹊给“国王送好消息”，却忽视了对企业存在问题的揭示和批评。相反，海尔的内刊充当了“乌鸦嘴”，虽然不受待见，但能避免企业陷入好大喜功的泥潭。

万科是我国房地产业中的翘楚，其兴建的楼盘以质量优、服务好为广大用户所青睐。万科为什么在变幻莫测的房地产领域屹立多年不倒，反而越发活力四射呢？关键就在于它的领导者王石有一颗自省的心。王石为了能及时了解企业在管理和产品等各方面的问题，不惜投入大量的精力学习自己从未接触过的互联网，试图在那里得到最真实、最广泛、最有效的信息。

王石亲自出任了“online 董事长”和“王石 online”两个 BBS 的版主。尽管公司的事务很多，但王石为了了解企业存在的方方面面的问题，每天忙完后，都会到线上回帖、看帖。对于他的这种做法，很多人都表示不理解，有人问他：“你把那么多时间花在论坛上，值得吗？”

王石的回答是：“通过 BBS 建立一个有效监督机制才能形成新的管理形式。”

BBS 对万科的管理起到了很大的作用，在 BBS 管理模式中，高层管理人员的最新观念可以迅速传递给组织最前端的职员；对于企业存在的问题，不但万科人可以自由表达观点，而且每一个参与论坛的外部人士也可以直接在论坛上对万科发表意见。

在众人的监督下，王石和万科管理层的每一个决策，以及万科企业管理中的每一个细节如果出现问题，都会在萌芽中被解决，因此企业很难会出现大的危机，更能避免陷入困境。

俗话说，“群众的眼睛是雪亮的”，由于管理工作复杂而繁重，所以管理者有时会忽略一些已经存在的问题，这时就要求管理者要有自省的意识，同时也要求管理者要信任群众，发动群众共同来监督企业，不能“讳疾忌医”，否则当“小疾”转化为“大病”的时候，再好的医生也都无能为力了。

NO.5

“海”纳百川

要把所有的海尔人凝聚在一起，才能迸发出海一样的力量，这就要靠一种精神，一种我们一贯倡导的“敬业报国、追求卓越”的企业精神。同心干，不分你我；比贡献，不唯文凭。把许许多多不可思议和不可能都在我们手中变为现实和可能，那么海尔巨浪就能冲过一切障碍，滚滚向前！

44. 每个人都是人才

竞争不是一次定终身，就像开运动会一样，这一届的冠军，不一定是下一届的冠军。我希望做到的是整个企业成为一个学习型的组织，每个人都努力地工作，每个人都努力地发挥自我价值。

张瑞敏名言

给你比赛的场地，帮你明确比赛的目标，比赛的规则公开化，谁能跑在前面，就看你自己的了。

兵随将转，无不可用之人。作为企业领导，你的任务不是去发现人才，而是建立一个出人才的机制，给每个人相同的竞争机会。

张瑞敏经历

多年来，海尔一直是人才济济，这并不是因为海尔的伯乐多、懂得识别人才，而是因为张瑞敏在海尔建立了一个有效的人才培养机制，并花费了很大精力去维护这个人才培养机制的长久运行。

张瑞敏建立的这一人才机制被称做“人人是人才，赛马不相马”，解释其含义就是：给每一个人比赛的场地，给每一个人参赛的资格，比赛的标准公开化。所以，要跑在别人前面，就得努力前行。

赛马机制的具体内容包括三条原则：一是公平竞争，任人唯贤；二是职适其能，人尽其才；三是合理流动，动态管理。在用工制度上，实行一套优秀员工、合格员工、试用员工“三工并存，动态转换”的机制。在干部制度上，海尔对中层干部分类考核，每一位干部的职位都不是固定的，届满轮换。张瑞敏认为，“伯乐相马”在封建社会是可以的，但在市场经济条件下，“相马”作为一种人事制度，不规范，不可靠，在这种将自己的命运拴在别人身上的机制里，人才的效率是很低的。因为，由少数人说了算的选人路子肯定不能做到最大限度地选用优秀人才，也不可能做到公平。要做到用人公平、公正、公开，“赛马”才是真正值得信赖的好制度。它能最大限度激发人的活力，让人才脱颖而出。

任全晓是一个农民合同制工人，但在海尔这个充满竞争的环境中，他刻苦钻研技术，提出的合理化建议一件接一件，改革措施一个连一个，自己也由一般员工提升为班长。成为班长后不久，他又为企业降耗34万多元，由班长晋升为车间主任。他满怀深情地说：“我自己的成长经历就是海尔集团提出并实施‘变相马为赛马’用人机制的具体体现。”

农民合同工李和兴在原贵州风华冰箱厂从事门体发泡已经整整12年了，掌握了这项工艺的所有技术，但由于受身份、学历的限制，只能干最苦的活，拿最低的工资。1997年海尔兼并风华，对原来的用人制度进行了彻底的改革，打破身份限制，以业绩论英雄。1998年1月，李合兴因成绩突出被评为技师。

海尔集团的几个副总裁，像柴永森、梁海山、周云杰等，也都是从农村考上大学，毕业后进入海尔，然后凭着业绩一步一步成长为高层领导的。以梁海山为例，1988年他从西安交大企业管理工程专业毕业后，就加入海尔集团在企管办任职，后来又经过电冰箱总厂科员、副处长等职位的锻炼，1995年被任命为青岛海尔空调有限公司总经理。在梁海山的带领下，1998年海尔空调分公司的销售额增至70亿元，跃居中国空调行业的首位。同时，梁海山的职位也得到了“火箭式”的提升，直至海尔集团副总裁。

像梁海山这样的例子在海尔数不胜数。用海尔集团人力开发中心负责人的话说，“海尔的几个本部长，当年都是背着行囊来到海尔的，他们一步步走到今天，完全凭借自己的实力，如今他们每个人手里都掌握着数十亿元的资产在市场上滚动。”

据统计显示，仅1998年，海尔就有339名大学生通过竞聘走上了科级以上的岗位，有 56 名工人通过竞聘走上了管理岗位。海尔的“赛马”选人机制让许许多多年轻但富有才华的人找到了适合自己发展的岗位，尽情地施展自己的抱负。

张瑞敏说过：“企业领导者的任务不是去发现人才，而是建立一个出人才的机制，给每个人相同的竞争机会。”海尔通过公平的竞争，让有能力的人在比赛中脱颖而出，让每个人都努力发挥自我价值，给每一位员工一个发挥才能的公平环境，从而使海尔更富有朝气与竞争力。

成功启示

人始终是海尔管理的第一要素。海尔的成功说到底是人力资源开发与利用的成功，是现代企业管理科学与民主相结合的管理方式的成功。

企业如何通过一个完善的制度来体现员工的价值，使人才不被埋没，这是企业家首先应该思考的问题。在张瑞敏看来，海尔不缺人才，人人都是人才，关键是能不能将每个人所具备的最优秀的品质和潜能充分发挥出来。张瑞敏深知，要盘活一个企业，首先是要盘活人。如果每个人的潜能都发挥出来，每个人都是太平洋，都是一座喜马拉雅山，要多大有多大，到多深有多深。海尔看准了人的作用，所以非常重视人。

如何激发员工的潜能？就是要建立一个科学的用人制度，让员工感受到公平，同时也感受到来自企业内部和外部的竞争压力，又能将压力转化为动力，这是“赛马”制度的精髓，也是企业持续发展的秘诀。

无独有偶，张瑞敏在海尔建立的“赛马”制度与美国 GE 公司的用人制度很像，这也说明了张瑞敏和韦尔奇都认为，人才不是“相”出来的，而是“赛”出来的。韦尔奇说：“管理者最重要的工作不是把最差的员工变成表现不错的员工，而是要把表现不错的员工变成最好的。”韦尔奇命令公司各层管理者每年都要将自己管理的员工进行严格的评估和区分，从而产生 20% 的明星员工（A 类）、70% 的活力员工（B 类）以及 10% 的落后员工（C 类）。C 类员工视其实际表现会得到 1 至 2 年的改进缓冲期，预期无法改进者则被解雇。通过坚定不移地“不断裁掉最差的 10% 的员工”，韦尔奇打造出了精英团队。韦尔奇说："尽管这种制度看上去很残酷，但我认为对于双方都有好处。如果一个人在其他人的帮助和指导下仍然无法取得理想的业绩，那只能说明他的才能无法在通用施展。如果他们离开通用公司，去其他的地方，开始一种新的生活，就有可能去更好地实现自己的价值。当然他们的离开对组织内的其他员工来说是更加有力的推动，能促使他们积极主动地提高工作能力，提高执行力。"

除了通用公司外，很多优秀的公司都会通过竞赛来选拔人才。麦当劳、微软无一例外，他们普遍认同"赛马不相马"的用人制度，在这些优秀的大企业看来，只有经过严格选拔，脱颖而出的人才是公司所需要的"人才"。

但在现实生活中，很多企业管理者总是迷信自己的用人眼光，认为自己就是"伯乐"。其实，这种靠个人喜好选人、用人的方法很不理智，带有很强的主观性。因为"伯乐"不是神仙，他也要受知识、经历、素质的局限，所以选出来的不一定就是"千里马"，反而有可能是"劣马"、"病马"。

如果企业管理者不想埋没任何一个人才，同时也不想用错任何一个人才，就必须建立一个可以赛出人才的机制，让机制中的每个层次的人才都接受监督，这样一来，压力与动力并存，方能适应市场竞争的需要。

45. 为员工搭建舞台

人才，企业竞争的根本优势。人可以认识物、创造物，只要为他创造了条件，他就能适应变化，保持进步，成为取之不尽、用之不竭的资源。有了人才，资本才得以向企业集中，企业在竞争中才能取得优胜。

张瑞敏名言

对现在的企业来说，如果把企业比做大河，员工则是大河的源头，而市场和用户是小河。员工有了活力，势必能生产出高质量的产品，为客户提供优质的服务，那么涓涓小河必然汇入大河。

张瑞敏经历

计划经济时代有一句话：“大河有水小河满”，这句话是“大锅饭”的真实写照。但进入市场经济时代，张瑞敏认为，这句话是反动的。张瑞敏说：“对现在的企业来说，如果把企业比做大河，员工则是大河的源头，而市场和用户是小河。员工有了活力，势必能生产出高质量的产品，为客户提供优质的服务，那么涓涓小河必然汇入大河。”这就是所谓的“源头喷涌大河满，源头无水大河干”。大河能“惊涛拍岸，卷起千堆雪”，全靠源头的源源不断，汩汩不息。

如何能让海尔员工的积极性得到提高，成为喷涌的源头呢？张瑞敏的做法是：给每一个人提供一个广阔的舞台，激励他们去实现自我价值，从而为企业的发展贡献自己的一份力量。

为了鼓励员工搞技术发明、改革创新、海尔明确规定了各种奖励制度，比如说，设立了“海尔奖”、“海尔希望奖”、“合理化建议奖”等奖项，用来奖励员工对企业作出的突出贡献。

除此之外，如果海尔员工发明、改革的工具，能明显地提高了劳动生产率，还可由所在工厂逐级上报厂职代会研究通过，以发明者或改革者的名字命名，公开表彰宣传。像“晓玲扳手”，“云燕镜子”、“启明焊枪”、“申强挂钩”、“迈克冷柜”等等。

张亮亮是合肥空调事业部三厂的员工，他因为发明了“七头六臂”焊接工装，被公司评为“小改小革创意明星”。他的小发明使焊接工位可以同时使用6把焊枪，免除了焊工往来奔跑，工作效率大为提高。

李少杰同样是海尔的明星员工。面对当时世界最先进的钣金生产线，他将钣金线的节拍从25秒/台提高到创世界纪录的18．5秒/台。因此，李少杰和其他9位表现突出的员工被海尔评为“2004年度海尔功臣”。

像张亮亮和李少杰一样的员工在海尔还有很多，他们在自己平凡的岗位上默默的努力和奉献着，他们有一个目标，就是用自己的创造性劳动，帮助企业有新的进步和超越。

管理者最重要的责任是为员工搭建舞台，有了舞台他们就会尽情地发挥自己的潜能。在人人争当企业明星的过程中，海尔再次登上了新的高峰。

成功启示

对于员工来说，选择企业更注重的是该企业能给自己提供的发展空间有多大。如果员工感觉企业的发展前景不明朗，战略目标或远景无法实现，在这种情况下，员工会认为即使自己努力也不会有结果，那么他们不会选择努力工作而会选择离开。因此，企业管理者的主要工作之一就是给员工提供一个更大的舞台，鼓励他们创新。让他们通过创新将个人的荣誉、事业、智慧和企业深深地结合在一起。

美国通用电气公司于20世纪90年代初展开了名为“开动大家脑筋”的活动。他们把100名由各部门推选出来的代表分为若干小组，每位代表在小组里提出本部门的意见和要求，并发表自己的看法，公司高层经理则当场听取汇报。根据公司规定，听取汇报的高层经理对代表提出的要求只能回答“Yes”或“No”，而不得用“研究研究”、“以后再说”之类的话推诿或搪塞。结果，许多平时难以解决的问题都在会上顺利解决或得到满意的答复。

20世纪50年代，日本丰田公司也实施了一项被称为“动脑筋创新”的建议制度。该公司首先设立动脑筋创新委员会，制定了建议规章、奖励办法等。然后，在各车间设置建议箱，成立“动脑筋创新”小组，组长对提建议的员工进行有计划的帮助，使员工可以自由、轻松、愉快地提出建议；在各部门则分别设立建议委员会，把鼓励提建议的方针贯彻到公司的各个角落。为鼓励员工积极提建议，丰田公司将提建议制度与奖励制度紧密相联，其审核标准分为有形效果、无形效果、利用程度、独创性、构想性、努力程度、职务减分等7个项目，每个项目以5~20分的评分等级来评定分数，满分为100分。相应的奖金最高为20万日元，最低为500日元，对于特别优秀的建议，则给予特别的奖励。

“动脑筋创新”建议制度在丰田公司实施仅一年，就征集了183条建议。此后通过该制度，每年收到的建议都会达到5万条以上，这大大调动了员工的工作热情和工作效率，为丰田的发展提供了源源不断的动力。

事实上，企业运营效率的不同很大程度上取决于人的活力的不同，只有充满活力的员工才能使企业产生高效率，所以企业管理者只有真诚地认可员工的价值，为员工提供更大的发展空间，对员工的贡献给予有效的奖励，员工才能成为源头的活水，促进企业的不断发展。

美国著名企业家约翰·洛克菲勒曾说过：“优秀的管理者在于指导员工像杰出人才一样出色地工作。如果企业是一条大河，那么高素质的员工就是这条大河的源头。只有不断加强企业文化建设，充分激发员工的积极性、创造性，让员工的知识和能力像喷泉一样喷涌而出，企业这条大河才能奔涌不息、发展不止。”

46. 以人为本

企业要坚持以人为本，尊重每一名员工，要让员工感动。被感动的员工在自己的工作岗位上尽职尽责，发挥自己最大的潜力，这是提高企业运营效率的有效手段。

张瑞敏名言

想要员工心里有企业，你的心里就必须时时刻刻惦记着员工。要让员工爱企业，企业就首先要爱员工。如果能使每一个海尔人都愿意奉献自己的爱给海尔，那么还有什么力量能阻挡我们前进的步伐！

张瑞敏经历

为了激发员工的积极性，很多企业都出台了不同种类的激励制度。海尔集团秉着“以人为本”的理念，在采用很多物质、精神激励的同时，积极提倡“情感激励”，用“关爱”换取员工对企业的“关心”，在真情中，让员工感动。

如果你有幸去海尔参观，一定会被洋溢在海尔每一个角落的真情所感动，更会被每一名员工脸上的微笑和自信所征服。海尔人热切的眼神、健走的脚步、挺拔的身姿，会让人们感受到这个企业很年轻、很有朝气、很有人情味。

真实的海尔并非像外界传说的那样，除了严格的管理，没有一点关爱，相反，海尔人创造的感动，每时每刻都在发生着。

海尔讲究“三心换一心”：解决疾苦要热心，批评错误要诚心，做思想工作要真心，用这三心换员工对海尔的“铁”心。海尔有一个运转体系，专门帮助自己的员工及时解决生活和工作上的困难。在海尔，人手一册《排忧解难》，如有困难，只要填一张卡，或者打一个电话，问题就会被很快解决。

海尔为员工着想还表现在很多方面：如为员工办理各种国家保险；上下班有班车接送；提供优质午餐；举行集体婚礼；各种劳保福利；解决员工住房；赠送员工生日礼物；定期发送洗衣券、美容美发券等。海尔所做的这一切，让员工们有了归属感，置身在海尔就像是在家里一样。

1991 年底，海尔冰箱一厂的一名女工丁桂香身患重病，公司领导十分关注她的病情，集团副总亲自派人把她的 CT 片子从医院借出来，请专家会诊。经过检查确诊为“肝囊肿”，这让丁桂香有了生存的希望。在她动手术的时候，公司的几位领导在病房外站了六个多小时，直到手术结束。这一行为让丁桂香和她的家人感动不已，同时其他的员工也感受到了企业领导对自己的关爱，大家干起工作更有劲头了。

1994 年夏天，张瑞敏决定给车间的工人们安空调，但他自己的办公室却还用着电风扇，用张瑞敏的话说："车间比我的办公室更需要空调。"

1994 年 11 月，山东"东阿"阿胶厂送给张瑞敏 20 盒阿胶以表达对他的尊敬，但张瑞敏却一盒没留，都送给了工作在一线的生产工人。

1994 年 5 月 4 日工人肖同山因为突发脑出血住进了医院，不巧的是他的母亲也卧病在床。他有一个才两岁多的孩子，他的妻子要照顾三个人，根本忙不过来。正在万般无奈的时候，海尔从生产一线抽调工人昼夜护理他，让他的妻子能安心地回家照顾公婆和小孩。领导和同事还送去了慰问金和食品，不断地到医院和家中探望他。海尔对员工无微不至的照顾不但让员工及家属感动不已，连病房的其他病友都非常羡慕。

海尔科学地运用情感激励，培育了员工的共同价值观，增强了员工归属感，提高了员工忠诚度。员工之间共同分享快乐工作，实现了人与企业的全面发展和社会的和谐进步。

成功启示

据国外科学家的测定：一个人平常表现的工作能力水平与经过激励后可能达到的工作能力水平存在着 50% 左右的差异。可见人的内在潜能是何等之大！这就要求企业经营管理者既要抓好各种规范化、制度化的刚性管理，又要注意各种随机性因素，注重感情的投入和交流，注重人际互动关系，充分发挥"情感激励"作用。

员工工作效率的提高不仅依靠外力（如给予各种物质、精神奖励），更要依靠员工的内部状态，其中包括士气、情绪等因素。情感激励就是加强与员工的感情沟通，尊重员工，使员工始终保持良好的情绪以激发其工作热情。现在的企业管理者愈来愈重视有效运用情感激励，以调动员工内在奋发向上的行为动力。

美国 IBM 公司有一个"百分之百俱乐部"，当公司员工完成他的年度任务，就被批准为"百分之百俱乐部"的成员，他和他的家人将被邀请参加隆重的集会。结果，公司的雇员都将获得"百分之百俱乐部"会员资格作为第一目标。这一激励措施有效地利用了员工的荣誉需求，取得了良好的激励效果。

摩托罗拉公司管理的基石是对员工保持不变的尊重，对员工的尊重主要是通过“肯定个人尊严”活动体现出来的。在公司里，人的尊严被定义为：实质性的工作；了解成功的条件；有充分的培训并能胜任工作；在公司有明确的个人前途；及时中肯的反馈；无偏见的工作环境等内容。每个季度，员工的直接主管会与其进行单独面谈，就以上6个方面或更广的范围进行探讨。在谈话中发现的问题将通过正式渠道加以解决。

开放的沟通渠道也有利于企业管理者实施情感激励。德国西门子公司在40万名职工中，定期进行以“发展、促进、赞许”为主题的谈话制度，以促进公司管理层和全体员工的相互尊重和交流沟通。惠普公司同样倡导开放式管理氛围，鼓励公开交流、走动式管理、敞开式办公和员工越级汇报，在公司内部，不论职务差别，都直呼其名，非常注意在公司内部创造平等氛围。

纵观很多企业的情感激励，无一例外，都极大地调动了广大员工的工作热情，创造出企业更高的劳动生产率。

当今社会，企业的数量越来越多，竞争越来越激烈，招工也越来越难。在这种情形下，劳动关系的和谐就成了企业和谐的根本保证。这要求企业要以人为本，用对员工的真爱换取员工对企业的真情，把劳动关系和谐地贯穿于企业的各项工作中，以达到企业和职工和谐共赢的最佳效果。

47. 三工并存，动态转换

现在是市场经济体制，要想企业有竞争力，就必须让企业的人才有竞争力，这就要求企业的管理者必须建立一个有效的人才竞争机制。海尔将所有的员工分为优秀员工、合格员工、试用员工三种，并根据他们的工作业绩和贡献大小进行动态转换。

张瑞敏名言

一个企业，上对国家负责，缴纳税金；下则应对员工负责，帮助每个员工实现他个人所不能实现的目标。作为员工的责任是什么呢？就是应该主动地承担起企业在发展中赋予员工的历史责任。只有每个人都关心企业，我们的目标才能顺利实现。

张瑞敏经历

在“赛马不相马”的用人观的影响下，海尔制定了“三工并存，动态转换”的人才竞争机制，旨在用“优胜劣汰”的方式激励员工去不断进步，从而提高企业的整体素质。

“三工并存，动态转换”的机制是1993年7月在海尔开始实行的，该机制将所有员工分为优秀员工、合格员工和试用员工三种类型。试用员工代表临时工，合格员工代表合同工，优秀员工代表正式员工。海尔所有的员工和所有基层的管理干部，都在三工中的某一个工位上。这三种不同的工种分别享受三种不同待遇，尤其在福利上有比较大的差别，例如在分房待遇，各种福利补贴、医疗、养老、出国培训、休假等一系列的待遇上有明显的不同。“动态转换”是指根据员工工作业绩和贡献大小进行动态转换，并在全厂公布。

与此同时，海尔用一套完善的人员培训、考核和选用制度，以配合其“三工转换”管理模式的推进。例如，对刚进厂的大学毕业生，首先让他们到生产一线和市场一线去锻炼，为期一年，都是试用工。一年后，经考核合格者，可正式转为合格工，并根据实际情况确定其岗位。在海尔集团内部，“三工”比例保持在4∶5∶1，整个转换过程全部实行公开招聘、公平竞争、择优聘用。

通过“三工转换”，员工的工作表现能及时得到肯定，解决了员工在短时期内得不到升迁、积极性受到影响的问题。

检验处有位老工人，因为一时的疏忽，将一台应换侧板的冰箱盖上了立刻周转章，转到了下道工序，没有严把质量关，造成损失达到2000元以上，因此被按规定由合格工转为试用工。这对他产生了不小的震动，于是他拿出“三工转换”制度的小册子，仔细地阅读有关上转部分的标准。了解清楚后，在以后的4个月中，他针对本岗位的薄弱环节，提出了十几条合理化建议，其中有三分之二被相关部门所采纳，并在一次生产中及时发现并处理了一班员工生产的7个废箱体，避免了一次重大事故的发生，因此又按规定转为了合格员工。当这位老工人接到上转的通知书后，他激动地说：“4个月的努力没白费，心里的大石头终于放下了，以后更得努力下去。”

海尔的“三工并存、动态转换”制度既是海尔的人才竞争机制，又是海尔的激励制度，它完全打破了传统企业的用人界线和激励方式，形成了一种崭新的符合海尔发展模式的用人价值观，充分调动了员工积极性，发挥了人力资源的最大效能。

成功启示

人是企业的主体，企业要发展，员工必须要清楚自己的责任是什么。

作为员工的责任是什么呢？就是应该主动承担起企业在发展中赋予员工的历史责任。只有每个人都来关心企业，企业的目标才能够顺利实现。如何让员工主动关心企业是管理者应该关心的问题，除了用企业的文化去影响员工外，适当的激励、竞争制度也是不可缺少的。

海尔设立的“三工”制度的目的就是让员工清楚，企业建设要靠大家一起承担，企业是否能发展，每一个人都责任重大。如果你负责任、能干，企业就给你机会升迁，反之，就将被企业所淘汰。通过实行“三工”制度，员工的表现不但及时得到了肯定，同时员工也逐渐培养起“今天工作不努力，明天努力找工作”的职业意向。

天成总厂三环厂，实行“三工并存、动态转换”，同样收到了很好的效果。这个厂自2007年初以来，考核岗位员工实行客观、公正、严格的“三工”转换，以当日当班岗位作业卡和岗位标准为凭据，对全体员工进行认真考核，然后以岗位现场的劳动实效和工作实绩为依据，进行全员绩效排序，产生每个月的优秀员工、合格员工、试用员工。月末评定“三工”。

如果有人这个月绩效差，成为了试用员工，但下个月努力后就有可能成为优秀员工。同样，如果优秀员工不再继续发奋，很快就会进入试用员工的行列。三工的比例是固定不变的，这样的绩效考核制度让企业总是处于持续上升的“节节高”状态。

在开始实施这项制度的时候，企业也遇到了麻烦。起初，大家碍于面子，张不开口，认为都是同事，每天低头不见抬头见的，这样比来比去，谁成了试用员工都不好看，就连车间主任也不愿意这样去得罪人。但经过一段时间的运行，大家渐渐明白了，这样的制度才能营造一个公平的环境。制度不是故意和谁过不去，而是市场竞争的必然，也是企业管理向精细化发展的必须，为了眼前的生存和今后的发展，企业就必须一步步地提高。

每个人都渴望有一个大的平台来施展自己的才华，但这个平台必须公平、公正、公开，否则人们的积极性就会受到压制。好的绩效考核体制能够激发人们的积极性，让大家的心中都装着事业，不断进取。最后，当企业中人的竞争上升到精神的竞争时，人的潜力就能最大限度地被挖掘出来，企业就能立于不败之地了。

48. 海豚式升迁

企业基本的骨干力量必须是自己培养出来的，因为他们认同企业文化。但对于一些专业人员来说，未必一定由自己培养，国内国外的都可以。

张瑞敏名言

虽然论资排辈选拔管理者的模式只能压制人，鼓励浑水摸鱼。然而，在中国却不能完全仿效国外激进的管理模式，由于中国人普遍在心理上重资历，普遍认为“资历就是权威”，如果管理者只顾个人偏好，随便打破提升下属的常规，提拔的人太多，或者使下属升迁速度太快，都会造成“不服众”的不良影响。

张瑞敏经历

张瑞敏是“老三届”，毕业后就“被领导”，然后一步步“领导”人，是土生土长起来的中国式的领导人。他深知中国管理人员的成长经历——论资排辈。但是随着社会的变化，竞争的加剧，显然这种选拔管理者的模式已经不适用了，贸然仿效国外的激进的选拔模式，受到中国人普遍重资历心理的影响，也不是上上之策。在这种情况下，张瑞敏发明了“海豚式升迁”的选拔模式，很好地迎合了时代的发展和中国人的心理。

“海豚式升迁”是海尔培训的一大特色。海豚是海洋中最聪明、最有智慧的动物，它下潜得越深，则跳得越高。在海尔，如果一名员工进厂以后工作比较好，上级要提拔他当部门主管时，不是直接让他坐上部门主管的位子，而是要将他下派，让他去基层接受一段时间的锻炼与考验，如果他能在基层胜任，再让他一点一点干上来。

培养更高一层的管理者，张瑞敏同样用这个方法。当张瑞敏有意让他看好的一名干部负责更高层次的部门时，他同样不会让这个人直接走马上任，而是让他去该岗位的基层锻炼一段时间，积累一些经验。张瑞敏说：“如果现在让他做一个事业部的部长，那么他对市场系统的经验可能就非常缺乏，就需要到市场上去。到市场去之后他必须到下边从事最基层的工作，然后从这个最基层岗位再一步步干上来。如果能干上来，就上岗，如果干不上来，则就地免职。”

通过“海豚式升迁”的方式，海尔培养出不少优秀的管理人才。海尔集团常务副总裁柴永森 1984 年来到海尔，由于当时厂里急需人才，他一进厂就被安排直接上岗。当时，柴永森肩上的担子很重，从国产化、引进办，后来又做进出口公司的一把手，压力很大。有一段时间工作成绩也上不去了，但是领导看他还是很有潜力的，只是缺少一些知识，需要补课。于是，就把他安排到生产一线，先后担任了检验处处长、分厂厂长的职务，去补质量管理和生产管理的课。柴永森一边学习一边积累经验，很快就取得了不俗的成绩。

1995 年，32 岁的柴永森接手原青岛红星电器公司，任总经理，仅用了一年的时间，就使该厂扭亏为盈；1997 年，他接手组建顺德海尔电器有限公司；1999 年，就任海外推进本部本部长；2000 年，被任命为海尔集团常务副总裁。柴永森在海尔的成长经历很好地诠释了张瑞敏的“深潜”理论——潜得越深，则跳得越高。

我们身边的很多年轻人很有才华，但确实缺少资历，在经验方面有所欠缺，往往遇到问题就会惊慌失措。所以如果想让这些年轻人担负更多的责任，就必须让他们去基层磨砺和锻炼，在他们有了一定程度的曝光和业绩后，自然他们的威信和知名度就提高了，这时再提拔他们到更高的位置，不但他自己会感到踏实，其他人也会心服口服。

成功启示

古语云：“猛将必发于卒伍，良相多起于州郡。”基层工作天地广阔，蕴藏着丰富的知识和无穷的智慧，既是干部健康成长的“加油站”、增长见识的“大课堂”，又是考验干部的“试金石”。一名优秀的领导干部只有经历过层层磨砺，才能成长起来。只靠学历，没有经验的人，充其量也就是赵括、马谡之流，只能纸上谈兵，根本没有实战经验。

海尔的“海豚式升迁”恰恰主张让领导干部通过磨炼后上岗，为的就是防止青年人心浮气躁，因为升迁过快而导致心理发生变化，从而栽更大的跟头。

同海尔一样，联想也主张让有潜力的干部到基层去打磨，因为只有艰苦的环境才能磨炼人，最后沉淀下来的才是真正的人才。柳传志说过：“培养一个战略型人才和培养一个优秀的裁缝有相同的道理，不能一开始就给他一块上等毛料做西服，而是应该让他从缝鞋垫做起。鞋垫做好了再做短裤，然后再做长裤、衬衣，最后才是做西装。不能揠苗助长，操之过急。”

一个人如果想在联想干出一番成绩，学历、名气都不是资本，只有踏踏实实地努力，一步一个脚印地锻炼自己才是出路。很多业界人士都知道，只有经得起锻炼的人才是联想需要的人。现任神州数码总裁的郭为，在做联想副总裁时不过30岁出头，但他在联想是从秘书做起的，而且之后的岗位先后变动达十余次，每个岗位都有不同类型的业务内容。1988年，郭为成为联想集团第一位有管理学硕士学位的员工。他先是给柳传志做秘书，后来又成为了公关部的经理。一年后又去做了联想集团办公室的主任经理。在随后的几年里，他做过业务部门的总经理、企业部的总经理，负责过财务部门的工作，被派到广东惠州联想集团新建的生产基地学习盖厂房，还去过香港联想负责投资事务。

在这段培养的过渡阶段中，郭为出现过失误，柳传志也批评过他，但最后他真正地成熟起来，不但用能力赢得了上级的信任，而且在公司员工中树立了极高的威信。当1995年位于大亚湾的联想生产基地开业时，人们看到的郭为，不但比以前更稳重、更自信了，而且在举手投足之间散发出真正的领导风范。很多人都禁不住感叹：“这位联想的副总裁真年轻、真有范儿。”试想，如果没有多年基层工作的经历，也许他早就因为一个小小的打击而销声匿迹了，又怎么会成为今天的知名企业家？

现在很多年轻人，不愿意将自己置身于基层去锻炼，总是认为自己有知识，有学历，应该到更重要的岗位担任管理职务。岂不知，基层工作的磨炼有利于拓宽思路，开阔视野，增强全局观念和发展意识；有利于磨炼意志，砥砺品格，增进与普通员工的感情；有利于积累经验，增长才干，培养处理实际问题和驾驭复杂局面的能力，从而在从事领导工作时更得心应手。

49. 疑人要用，用人要疑

授权不授责。如果只授权，不监督，后果就是四分五裂；如果不授权，只监督，局面则会是一潭死水。

张瑞敏名言

用人要大胆，在位要监控。

授权并不意味着授责，授权只是把一部分权力分散给下属，而不是把“权”同时存在的“责”分散下去。

张瑞敏经历

古人曰：“用人不疑，疑人不用。”韩愈曰：“世有伯乐，然后有千里马。”而作为中国家电行业排头兵的海尔集团在市场经济形势下，却明确提出“用人不疑，疑人不用”是对市场经济的反动。张瑞敏说：“‘用人不疑，疑人不用’是小农经济的思想产物，面对市场经济，要变一变。”因此，他提出了“用人要疑，疑人要用”，也就是说，对人才既要大胆使用又要严密监控，即所谓的“用人要大胆，在位要监控”。

多年来，海尔一直坚持对人才进行监控，并贯彻到了实际行动中，打造出了一支廉洁高效的干部队伍。张瑞敏提出的“在位监控”有两个含义：一是主观上要自我控制、自我约束，有自律意识；二是集团要建立控制体系，控制工作方向、工作目标，避免犯方向性错误。伟大的启蒙思想家孟德斯鸠说过：“权力会滋生腐败，绝对的权力会产生腐败。”

海尔建立了非常严格的监督机制，任何在职人员都必须接受三种监督，自检、互检、专检。干部的考核制度分为五项：一是自清管理；二是创新意识及发现、解决问题的能力；三是市场的美誉度；四是个人的财务控制能力；五是所负责企业的经营状况。这五项指标赋予不同的权重，最后得出评价分数，分为三个等级。每月考评，工作没有失误但也没有起色的干部也归入批评之列，这使在职的干部随时都有压迫感。

有了严密的监督，就可以大胆“授权”了。张瑞敏说：“为了避免企业发展壮大后出现人浮于事、官僚作风、互相掣肘、效率低下的大企业病，必须走权力分散化这条路。这是海尔集团机构改革的目的。”

为了加速海尔集团的发展，适应集团的需要，张瑞敏大胆起用年轻人，并给予他们相当大的权力，让他们在更大的舞台上施展自己的才华。海尔的各个部门独立运作，集团通常只管各部门的一把手。但在资金调配、质量论证、项目投资、技术改造和企业文化这些大事上由集团确定。

权力下放后，各部门的一把手都有一个共同的体会：走向市场经济的前提必须要强化内部管理，必须要在“日清”上下工夫，必须完善目标体系、日清体系及激励体制，才能在激烈的竞争中发展壮大。

在“疑人要用，用人要疑”的用人观的指导下，海尔员工的自身素质得到了极大的提高，与此同时，一批优秀的年轻干部在岗位上发挥其长处，被抑制了短处，积极性被激发出来。这大大减少了人才的埋没和流失，也最大程度地杜绝了贪污腐败现象的出现。

没有监督的权力就会导致腐败，有监督的权力才更有力量。

成功启示

张瑞敏之所以提出了“疑人要用，用人要疑”的用人观，是因为他认为“用人不疑，疑人不用”说得太绝对了，它与当今企业实际的管理要求相脱节。如果企业的管理者“用人不疑”，企业肯定要陷入混乱的状态，如果“疑人不用”，那么，在公司里除了他自己，再也找不到让他不疑的人。凡是说“用人不疑，疑人不用”的人，其实都是口是心非者，根本做不到。

以往的事实证明，“用人不疑”有可能将信任变成放任，把好人放纵到坏人的边缘，最终给企业带来巨大的损失；“疑人不用”则有可能使工作的阻力增大，局面难以打开，结果就是企业中的人才越来越少。因此，作为一名新时代的企业领导者必须“疑人要用，用人要疑”，这才是现代人力资源管理的主旋律。

要如何做到“疑人要用，用人要疑”？这要求领导者有相当高的用人技巧，懂得怎样去考虑任用人员能给企业带来的利与弊的权衡，能看出每个人的优点和缺点，对不同的人的使用是有区别的。通常的用人原则主张：有才无德，慎重使用；无才有德，培养着用；有才有德，破格重用；无才无德，坚决不用。

刘英武曾是美国电脑界最有声望、职务最高的华人。他在进入宏碁后，立刻得到施振荣的重用，1984 年 4 月，他被宏碁公司总裁施振荣正式任命为宏碁执行总裁。刘英武一上任，就放弃了公司长期实行的“快乐管理”模式，几乎总揽了公司的一切大权，独断专行。但最终由于他的一系列失败的收购决策，导致公司遭受巨大损失，致使员工议论纷纷，人心浮动。

为什么在声名赫赫的刘英武的领导下，宏碁会出现这种尴尬的局面？显而易见，最终原因出现在施振荣身上，因为他对刘英武的授权是一种没有控制的授权。他太相信刘英武了，以至于对于他根本没有采取适当的监控，最后信任真的变成了放任，给企业带来了巨大的损失。

“权力分散化”是用人的大势所趋，但授权本身就带有监督的意味，它是指上级授给下属一定的权力，使下属在一定的监督下，有相当的自主权和行动权。授权者对被授权者有指挥和监督的权力，被授权者对授权者有报告和完成任务的责任。如果授权与监督没有很好地结合，授权就是撒手不管，就是弃权。

“用人要疑，疑人要用”也要掌握好分寸。监督不是盯梢，“疑”也要疑得合理，要“疑”在事前、“疑”在明处、“疑”得公正。长此以往，受“疑人制度”的影响，被“疑”者才会逐步自觉地正确地运用手中的权力。

50. 敬业报国

要么不干，要干就要争第一。好比一颗拳坛新星的起步，他的目标必须首先指向世界冠军，甚至要超越世界冠军。否则他不仅永远无法问鼎世界，而且一不留神还会被任何一个平庸的选手击倒在地。

张瑞敏名言

一个人总要有梦想，一个企业、一个民族也是如此，有了梦想才会有目标，有了目标才会有压力，才会有追求，才会有向上的力量。

张瑞敏经历

很多人办企业的初衷就是创造经济利益，但海尔办企业的目标是："敬业报国，追求卓越"。海尔提出这个梦想和目标，最重要的目的是要给企业注入一种凝聚力，给予每天的工作以一种激励，使员工对自己平凡的劳动产生历史责任和光荣感。

当你走进海尔集团，随处都能看见代表着海尔精神的"敬业报国，追求卓越"这八个大字。这八个大字，是海尔文化的核心。为了让海尔的每一名员工都能深刻地理解企业文化，张瑞敏率先示范，成为了所有海尔人学习的楷模。

1984 年，张瑞敏去德国考察，当他听说在德国市场上畅销的中国货是烟花和爆竹时，他就暗下决心，一定要把海尔冰箱做到世界名牌，来报效国家。这种信念一直激励着他，他经营和管理海尔 26 年，每一天都不知疲倦地工作，甚至没有一个休息日。工作之外他还要学习，读硕士，读博士，在出差的路上都要听英语，听日语，利用一点一滴的时间来提高自己。张瑞敏认为，一定要把工作当做事业，把事业作为振兴民族工业来做。

一位海尔的中层领导曾说过：“1997 年中国足球队参加世界杯外围赛，张瑞敏召开中层干部会，他在会上侃足球了。以前开会很严肃，张瑞敏很少看体育节目，中国队踢球他根本不看。不过这次他侃得还行，他说中国足球队今天学欧洲、明天学南美洲；今天全攻全守，明天防守反击，他们没有自己的风格，这风格就是企业的个性。”最后张瑞敏感慨地说：“巴西没有民族工业，巴西还有足球，中国还有什么呢？”

的确是这样的，中国的民族工业再不上去，中国还有什么？中国该如何在世界上立足？正因如此，张瑞敏将“敬业报国，追求卓越”视为海尔的文化核心。他要让所有海尔人都懂得：国家的强盛，来源于企业的兴旺；企业的兴旺，来源于企业中每个职工的实际奉献。为国家、为人民有所奉献，是人生最大的欣慰；反之，无所作为或中饱私囊，则是人生最大的遗憾。这种精神时时刻刻激励着海尔人，以卓越的产品、卓越的服务、卓越的声誉报效国家，造福人民。

海尔已经成立很多年了，海尔精神随着企业的外部战略和外部环境的变化也发生了变化，但是海尔真正的文化核心始终未变，一直是当初提出的“敬业报国，追求卓越”，因为这一目标具有民族意义，是海尔人挑战国际名牌，争当世界第一的精神底蕴，这一目标在海尔人的一切活动中，起着根本性的激励作用。

成功启示

“产业报国”曾经是 19 世纪 50 年代中国民族企业家的宏大志愿，当时爱国主义的精神激励着几代人力图用振兴民族商业来摆脱帝国主义的经济侵略，改变中国积贫积弱的国家面貌。

到了 20 世纪 50 年代，中华人民共和国建立之初，在中国共产党的领导下，我国为了在经济上尽快赶上世界先进水平，作出不懈的努力，取得了非凡的经济成就。然而，由于当时我们在制度认识上的偏差，使我国对西方先进的管理理念视而不见，听而不闻，最后导致“产业报国”成为一个空洞的口号。

改革开放后，国门打开了，在世界经济一体化的浪潮下，很多企业不是将“产业报国”当做自己的奋斗目标，而是一切向钱看，把经济利益作为企业追求的终极目标，把爱国当成了过时的观念，予以抛弃。这时以张瑞敏、柳传志为首的一批中国的杰出企业家，纷纷提出了“产业报国”的目标，这既是对爱国志士矢志不渝的宏伟追求的继承，同时在新时代，在合法经营、公平竞争的国际氛围中，赋予了这种精神崭新的特质。

除了张瑞敏的海尔外，另一个扬起“产业报国”大旗的人就是柳传志。作为中国IT界的领袖，他也一直将“振兴中国民族工业”作为联想集团奋斗的目标。从联想成立至今，在“产业报国”目标的指引下，取得了巨大的成绩，对中国的IT产业以及经济社会作出了突出的贡献。柳传志说：“一是联想在和国外企业争夺PC市场的竞争中拔得头筹，从而很大程度地降低了我国各行各业信息化的成本，加快了我国信息化建设的速度；二是联想成为中科院以至全国科研院所科技改革的排头兵，解决了我国高科技如何产业化，实行“科教兴国”战略方针的瓶颈；三是联想在大股东中国科学院的大力支持下，实行了在控股公司层面的股份制改造。无论是实质还是“拐大弯”的方法，都为中国的国有企业，特别是高科技企业的产权机制改造开辟了先河，树立了榜样；四是联想于2001年选拔了杨元庆和郭为作为新一代联想人的杰出代表。公司管理层稳定地交接班，解决了束缚中国本土企业持续发展的瓶颈和难题。与此同时，联想还在承担社会责任方面勇挑重任，我们始终非常关注环境保护、弱势群体保护等问题，根据国家的需要和自身情况进行投入和支持。2008年，联想成为奥运合作伙伴，这个计划不仅对联想自身的发展大有益处，同时也为国家争得了荣誉，为民族获得了赞许。”

“产业报国”是联想企业文化的核心，是指导联想员工不断前进的精神动力。

无论是“敬业报国”还是“产业报国”，关键都在一个“报”字。海尔和联想，他们都用最好的产品和服务来回报用户、回报社会、回报国家。他们为了振兴民族工业、提高综合国力在努力奋斗，落实在实际行动上就是追求卓越，为民族争光。

51. 建设互动的学习型组织

英国作家萧伯纳有一句名言："两个人各自拿着一个苹果，互相交换，每人仍然只有一个苹果；两个人各自拥有一个思想，互相交换，每个人就拥有两个思想。"如果团队中每个成员都能把自己经验与技能拿出来和成员分享，团队智商就会大于部分之和。

张瑞敏名言

领导必须破除"真理在我手中"的思想，建立学习型组织的目的就是要让整个组织的所有层次、所有人员都有学习的习惯，都有思考的习惯，这种学习和训练必须是全员性的，而不仅仅是领导才学习，才思考。

张瑞敏经历

张瑞敏是一个求知欲极强的人，他时刻都在汲取自己需要的知识，所以他也希望他的员工能像他一样成为一个爱学习的人。

1998年，张瑞敏提出要将海尔建设成一个"互动的学习型团队"，并以此为基础，致力于把整个公司转变为学习型组织。张瑞敏指出，互动是形式的需要，也是市场竞争的需要。

什么是"互动的学习型团队"？有人说，即使你是"天才"，凭借自己的想象力，也许能获得一定的财富。但如果你懂得让自己的想象力与他人的想象力结合，就定然会产生更大的成就。

什么是"互动"？海尔人是这样解释的：每个企业员工的"心智"都是一个独立的"能量体"，而其潜意识则是一种磁体，当你去行动时，你的磁力就产生了，并将财富吸引过来；但如果一个人的心智与更多的“磁力”相同的人结合在一起，就可以形成一个强大的“磁场”，而这个“磁场”的创造力量将会是无与伦比的，这就是“互动”的意义所在。如果要实现真正意义上的互动，需要注意两方面：一是领导，二是员工。前者是互动的关键，后者是互动的主体。

互动的关键在于领导。著名的研究团体学习行为的学者阿吉瑞斯就曾一针见血地指出：“目前团体学习效果不彰的原因，是因为大部分的管理者害怕在团体中互相追根究底的质疑求真所带来的威胁。”没思路的领导不想互动，没控制力的领导不敢互动。

互动的主体是员工。通过互动使员工相互监督、相互协作、相互帮助，每一个班组、每一个车间、每一个厂如果都能建成小的互动的学习型团队，那么海尔就会成为一个大的互动的学习型团队。只有每个员工都“动”，每一个人才可能逐渐变“大”，每一个班组、车间才能变“大”，整个企业的竞争力才能变“大”，才能创造出“由小到大的美”。

海尔大学就是一个互动的学习的组织。在它创建之初，张瑞敏就给它定了位：不在于有多少好的设施和硬件条件，关键在于它的内涵和软件，要将它建成海尔员工思想锻造的熔炉和增强能力的培训基地，让它成为中国企业界的“哈佛大学”。

海尔大学是完全按照现代化的教学目标来建设的，并与国际知名的教育机构合作，举办系统的综合素质培训及国际学术交流。每位学员都带着创新的动机和现有的创新成果到海尔大学参与学习，通过互动、学习，寻求事物发展的普遍性规律并总结成模块，然后回到实践中，在新的创新模块平台上进行更高水平的创新，从而形成不断循环、螺旋上升的过程。

通过建设互动的学习型团队，海尔的生产、管理效率得到了大大的提高。工装发展部的王永新说：“以前需要一个班组 5 天干的活，现在 3 天就完成了。通过互动学习，大家的凝聚力、荣誉感更强烈了。”

成功启示

打造一个学习型的组织，是现代企业经营发展的大趋势。对于什么是学习型组织，当代管理大师彼得·圣吉博士是这样定义的："通过培养和弥散于整个组织的学习氛围，充分发挥员工的创造性思维能力而建立起来的一种有机的、高度柔性的、扁平的、符合人性的、能持续发展的组织。"

在竞争日益激烈的今天，企业如果想生存与发展下去，必须不断学习、顺应形势变化，任何一个忽视学习的企业都将丧失探索商业和技术前沿的机会。

海尔能屹立多年不倒，始终领跑中国的家电行业，与其不断学习、创新的意识是分不开的。海尔不断地在企业中营造平等、和谐、求学、上进的氛围，让每一位海尔员工都明白为什么要过有目标的生活和怎样认识自己的心智模式。让企业员工结合企业的发展战略，制订自己未来的职业计划，应该学些什么来充实自己。长此以往，共同学习、共同讨论成为了员工彼此交往的主要方式，也成为了员工生活的一部分。

学习究竟有多重要，看看下面的统计数字就一目了然了。据统计，从1918年到1988年的70年间，美国百强企业只有39家还健在；仍能上百强榜的只有18家；经营状况好的只有寥寥无几的3家而已。这说明了什么？说明了一个经久不衰的企业成功的法宝不是先做大再做强，而是先做强再做大。企业要想做强，就需要使企业永远充满活力，而学习就是最好的推动力。

韦尔奇在接任通用电气CEO之初，就意识到将通用打造成一个学习型组织的重要性，于是他始终将学习置于企业的中心。在他看来，离开了学习，通用就没有未来。为了促进员工们坚持不懈地分享彼此的先进思想、互相学习，韦尔奇在通用建立了业务拓展部，这也是唯一一个经过韦尔奇批准可以扩大编制的公司部门，也是韦尔奇"学习至上"理念的最好体现。

1991年，韦尔奇聘用了加里·雷纳担任业务拓展部的总负责人，将该部门的主要任务从收购、兼并转变为促进各种好思想在公司内的流动，以供员工学习和参考。当然这个部门的工作也并非全部是宣传思想，他们自己也会创造思想。加里就曾在不经意中发现了通用产品价格每年都在下降，而其下降的幅度都保持在1%左右。但与之相反，通用进货的成本却在逐年上升。于是加里把这种现象用一个图表的形式表示出来，并提交在公司9月份的会议上。这一问题立刻引起了两位优秀的主管物资供应的领导的注意，他们在会议上对该问题进行了讨论，提出了如何降低进货成本的方案。而在随后的4年时间里，各公司负责物资供应的领导们，每个季度都要到费尔菲尔德参加物资供应季度会议，每次会议都要有一位副董事长或韦尔奇本人出席，大家在会议上一起分享各个公司最好的物资公共管理办法。很快，通用销售额下降、进货成本高的问题就得到了解决。

韦尔奇不但鼓励知识共享，他还确信向员工学习也是企业管理者必须要做的事情之一。有很多企业领导人，都认为自己是企业中最具有智慧的人，从而忽视了员工的作用。但韦尔奇的想法却恰巧相反，他对员工的智慧非常信任，员工们的一些看法往往是他作决策时倚重的根据。但是韦尔奇在向员工学习取经的时候也并非是到工厂或是办公室的员工中间去道听途说，他的做法严谨而且系统。韦尔奇清楚，运用科学、有效的调查技巧可以使他通过对一定比例的员工进行较为广泛的调查，深入了解每一年度员工们的意见和建议。

其实不单单是通用和海尔在努力将自己打造成学习型的组织，其他国内外著名企业的发展也离不开“学习”二字。美国排名前25位的企业中，有80%的企业是按照“学习型组织”模式进行改造的。国内一些企业也通过创办“学习型企业”而给企业带来了勃勃生机。

汪中求在他的《细节决定成败》一书中写道：“在创业过程中，第一代老板靠胆子，第二代老板靠路子，第三代老板靠票子，第四代老板靠脑子。”毋庸置疑，进入21世纪，随着科技的进步和知识更新速度的加快，不管是作为创业者，还是守业者，一定要不断地学习，更新自己的知识，才能适应日趋激烈的竞争。作为员工，也只有不断学习，使自己成为“知识型员工”，才能适应企业发展的需要。

52. 纪律高于一切

企业经营的根本目的是为了利益的最大化，而要把战略转化成现实成果则需要人去执行，执行得好不好则直接表现为组织的效率。执行力越强的企业办事效率越高，效率越高的组织越有竞争力。

张瑞敏名言

优秀的员工从不找借口，他们总是把每一项工作尽力做到超出客户的预期，最大限度地满足客户提出的要求，而不是寻找各种借口推诿。

张瑞敏经历

张瑞敏是一个很讲原则、很强调纪律的人，所以海尔从创立开始就非常强调“纪律”。

张瑞敏在 1984 年 12 月刚到海尔时，工人们 8 点上班，9 点钟就走人，用一位老员工的话说：“10 点钟随便往大院里扔一个手榴弹也炸不死人。”那时企业的管理非常松懈，工人们根本没有纪律可言，这就导致了工作效率低下，很多人干私活，生产的产品质量差，产品卖不出去，最后导致恶性循环，工人们连工资都开不出来。而张瑞敏接手企业后，用最简单的方法——制定规章制度，从小事管起，用严格、严密的制度约束每一道工序、每一个环节，从此企业渐渐地走上了正轨。上任之初，他就制定了一条纪律：在工作时间不准抽烟喝酒，不准随地大小便。这些规定现在看起来也许很可笑，但是在那时员工素质普遍不高的情况下，是非常有必要的。

张瑞敏为什么如此强调纪律？用他的话说：“西点军校为什么这么多年来享誉世界？为什么那里走出来 1000 多名董事长、2000 多名副董事长，而总经理、董事一级的有5000多名？原因就是西点军校铁一样的纪律，和他们一直奉行的行为准则——没有任何借口。”

在企业制定的所有纪律面前，海尔人从不找任何借口，这也是海尔为什么培养了那么多优秀员工的重要原因。1998年10月28日的《海尔人》上曾登载了这样一个故事：

一次张瑞敏和杨绵绵及海尔的本部长、事业部长们去西安考察。当飞机降落在咸阳机场时，集团营销中心西安分中心经理迎候在门厅。之后，他们一行人乘上了去西安市内的车。在车上，杨绵绵提议：“让分中心经理作一次市场导游，介绍一下西安分市场的情况吧。”在杨绵绵的要求下，分中心经理侃侃而谈，他有理有据地使用了大量数据说明了海尔产品在当地的销售情况及竞争对手的情况。对于分中心经理的“知己知彼”，集团的其他领导都给予了很高的评价。但是当问到另一个问题时，分中心经理尽力去用一大堆“因为”给自己找借口。这时张瑞敏打断了这位分中心经理的话，给在场的人讲了一个故事，张瑞敏说：“西点军校有一个久远的传统，遇到长官问话，新生只能有四种回答。除了四个‘标准答案’之外，如果有任何额外的字句，长官可会问：‘你的四个答案是什么？’这个时候新生只能说：‘报告长官，是’；‘报告长官，不是’；‘报告长官，没有任何借口’；‘报告长官，我不知道’。除此之外，不能多说一个字。如果回答‘不知道’，士兵明白，自己立刻要做的事情是必须马上去‘知道’……”

在座的都是海尔的高层领导，他们的悟性都很高，立刻意识到张瑞敏的用意，他是在借用这个故事批评分中心经理找借口的行为。如果再允许其以各种“因为”为借口，就等于允许市场信誉的丧失。

事实上，商场如战场。在战场上，绝不允许士兵找任何借口，借口就意味着死亡。军队需要这种精神，企业同样需要这种精神。

成功启示

有关纪律在庞大的组织中的作用，军队是最好的例证。众所周知，世界上管理效率最高的组织是军队，最有执行力的组织还是军队，最值得信赖的组织依旧是军队。军队之所以如此备受推崇，原因就是它的“钢铁纪律”，这才是军队如此高效的有力保证。

张瑞敏说过：“由众多大公司集合起来的集团运作，需要一种有纪律的计划和行动，以便统一面对市场，实现卓越经营。因此，海尔特别强调对人的管理，让人看重集体事业感，逐渐把人的行为一律化，变得有些像部队，讲忠诚，讲逐级之间的绝对服从，而且是心悦诚服地绝对服从。”

曾听说过这样一个故事，东北一家国有企业破产，被日本财团收购。厂里的员工都翘首盼望着日方能带来让人耳目一新的管理办法，出人意料的是，日本人来了，却什么都没有变。制度没变，人没有变，机器设备没变，日方就一个要求：严肃纪律，把先前的制度坚定不移地执行下去。结果怎么样？不到一年，企业就扭亏为盈。日本人的绝招是什么？就是“执行力用纪律保证！”

现在的企业都讲究团队作战，而纪律是一个团队生存和作战的保障。没有了纪律，这个团队就会像一盘散沙，各自为政，失去凝聚力，更形成不了战斗力。同时，纪律也保障自由和创造。为了更好地发展，为了大家共同的利益不受侵犯，每个企业都会制定一些规章制度，以约束员工的行为。这不是对员工自由的限制和剥夺，相反，只有在这样的纪律之下，每一位员工才能获得真正属于自己的自由，才不会受到别人的侵犯，才能真正开展具有创造性的工作。企业的纪律正是对员工利益的最大保护。正如英国克莱尔公司首席培训师所说：“纪律就是高压线，它高高地悬在那里，只要你稍微注意一下，或者不是故意去碰它的话，你就是一个遵守纪律的人。纪律就是这么简单。”

纪律也是增强团队成员凝聚力的有效手段。多讲团结话，多做团结事，是维护企业团结，增强凝聚力的必要基础。在这一点上，我们必须用纪律来约束，用纪律强调、规范和引导正确的言论导向。企业提倡什么，反对什么是可以用纪律的内容反映出来的，因此企业的领导干部要在纪律面前身先士卒，做到言必行、行必果，不找任何借口，这样员工才能对纪律做到“敬畏”，时间长了，遵守纪律也就成了员工的习惯。与此同时企业的团结气氛也会增强，员工的凝聚力也有了重要的保证。

费拉尔·凯普在《没有任何借口》一书中这样写道：“一个团结协作、富有战斗力和进取心的团队，必定是一个有纪律的团队。一个积极主动、忠诚敬业的员工，也必定是一个具有强烈纪律观念的员工。”可以说，纪律，永远是忠诚、敬业、创造力和团队精神的基础。对企业而言，没有纪律，便没有了一切。

53. 鲇鱼效应

一条鲇鱼成了打破一群沙丁鱼平衡的动力，而沙丁鱼虽然失去平衡，却在运动中获得了活力与生命。这就是海尔所需要的“鲇鱼效应”。

张瑞敏名言

尽管海尔仍能以很快的速度发展，但极限随时都会出现，这与公司大小无关。当一个企业感到疲倦，不能创新，不能战胜自我的时候，极限随时都可能到来。海尔一旦决策失误，也许就会像泰坦尼克号，顷刻之间沉没。为防止这一点，必须使经常性的企业重组成为组织生活的一种方式。

张瑞敏经历

挪威渔民在打捞起沙丁鱼后，会在装沙丁鱼的鱼槽里放进一条鲇鱼。以沙丁鱼为食的鲇鱼在陌生环境里喜欢四处游动，这让沙丁鱼感到威胁而紧张，加速游动，因此能活着到达港口。这种现象也被广泛地运用于企业管理中，于是就有了“鲇鱼效应”这种说法。

张瑞敏的办公室里悬挂着写有八个大字：如临深渊、如履薄冰。这八个字时刻警示着张瑞敏只有不断打破企业内部的平衡，海尔才能稳步前进。怎样打破企业的内部平衡？必须时刻进行改革。张瑞敏视韦尔奇为偶像，而韦尔奇管理的一大特点就是“在必须变革之前作出变革”，甚至在获得成功后，他也绝不放松警惕。

为了时刻警醒员工，张瑞敏给大家讲述了意大利梅洛尼公司的故事，这也是梅洛尼先生在博览会上亲自讲给张瑞敏听的。20 年前，美国 GE 公司把意大利梅洛尼公司的负责人梅洛尼先生叫过去，对他说：“我们决定收购你的公司，你回去准备一下。”梅洛尼先生听到 GE 工作人员狂妄的口气，十分气愤，回答道：“我没有决定卖掉我的公司。”美国 GE 公司工作人员临走前人撂下一句话：“那你回去就等着瞧吧！”

20 年过去了，梅洛尼公司依然挺立不倒，品牌还是自己的，并且家电产品已在欧洲占有相当大的份额。对此，梅洛尼先生深有感慨地说：“这 20 年来，我就是拼命地跑，不敢喘气，只有这样，我的公司才避免了被别的大公司吞并。”

为了打破平衡，展开竞争，让企业螺旋式上升，张瑞敏根据“鲇鱼效应”法则，出台了不少内部改革措施，比如说干部竞聘上岗，末位淘汰；员工每日反省，长期末位下岗等等，这套完整的管理制度让海尔得以保持活力和发展。

多次登上世界首富的比尔·盖茨说过一句名言：“微软离破产永远只有 18 个月。”作为世界上一流公司的缔造者，他仍然有强烈的忧患意识，可见危机意识越强，企业发展的动力就越大。海尔能在竞争如此激烈的今天，多年保持竞争力，与它的领导人张瑞敏强烈的忧患意识是分不开的。

成功启示

如何才能使自己的企业充满活力，永葆青春？这是很多企业管理者考虑最多的问题。有人会说，企业必须保持稳定，这样一来才能稳步发展，其实不然，当一个组织的工作达到较稳定的状态时，常常意味着员工工作积极性的降低，“一团和气”的集体不一定是一个高效率的集体。

世界很多知名企业都在试图运用“鲇鱼效应”来打破企业的平衡，激发员工队伍，提高工作业绩。“鲇鱼效应”是企业领导层激发员工活力的有效措施之一。它表现在两方面：一是企业要不断补充新鲜血液，把那些富有朝气、思维敏捷的年轻生力军引入职工队伍中甚至管理层，给那些固步自封、因循守旧的懒惰员工和官僚带来竞争压力，才能唤起“沙丁鱼们”的生存意识和竞争求胜之心。二是要不断地引进新技术、新工艺、新设备、新管理观念，这样才能使企业在市场大潮中搏击风浪，增强生存能力和适应能力。总之，“鲇鱼效应”的启示就在于：提高企业和员工的忧患意识，让大家对环境保持时刻的警觉，并努力提高自身能力，对变化随时作出反应。

除了海尔集团信奉“鲇鱼效应”外，很多公司也将它视为管理企业的法宝。本田公司总经理本田经常为自己企业的未来发展担忧，他总是担心员工被安逸的生活磨灭了进取心。通过他多年的观察，他发现，通常公司有三种类型的员工：一是不可缺少的干才，约占二成；二是以公司为家的勤劳人才，约占六成；三是终日东游西荡，拖企业后腿的蠢才，占二成。

怎样做才能让前两种人员多一些，同时尽量减少最后一种类型的员工呢？为此本田先生苦恼不已。最后他找到了他的得力助手——副总裁宫泽。宫泽给本田讲了“鲇鱼效应”的典故，让本田茅塞顿开，一下子找到了解决的办法。

为了让本田员工能够“动”起来，充满活力与朝气，本田决定找出一个“异己分子”制造紧张气氛，发挥鲇鱼效应。现有的本田销售部经理的观念离公司的精神相距太远，而且他的守旧思想已经严重影响了他的下属。本田决定必须找一条“鲇鱼”来，尽早打破销售部只会维持现状的沉闷气氛。经过周密的计划和努力，公司终于把松和公司销售部副经理年仅35岁的武太郎挖了过来。武太郎接任本田公司销售部经理后，凭着自己丰富的市场营销经验和过人的学识，以及惊人的毅力和工作热情，受到了销售部全体员工的好评，员工的工作热情被极大地调动起来，活力大为增强。公司的销售出现了转机，月销售额直线上升，本田公司在欧美及亚洲市场的知名度不断提高。

自从这次人事制度变化给企业带来了重大转变后，本田公司每年都重点从外部“中途聘用”一些精干利索、思维敏捷的30岁左右的生力军，有时甚至聘请常务董事一级的“大鲇鱼”，这样一来，公司上下的“沙丁鱼”都有了触电式的感觉。他们纷纷努力提高自己，唯恐在激烈的内部竞争中被淘汰。本田忧患意识注入竞争机制之中，使组织保持恒久的活力，这是日本本田公司取得成功的关键。

鲇鱼效应体现了一种忧患意识。很多企业在做强做大后，员工都会产生惰性，这时要求企业管理者必须要在企业内部制造一种危机，来消除和转化人们的懒惰心理，并产生出一种危机心理，最终激发人们心中的潜能，让大家更好地完成自己的工作。

“生于忧患，死于安逸”。让我们在企业中多放几条“鲇鱼”，在社会中多放几条“鲇鱼”，同时在自己的头脑中多放几条“鲇鱼”吧。

NO.6

海尔，真诚到永远

一个企业要永续经营，首先要得到社会的承认、用户的承认。企业对用户真诚到永远，才有用户、社会对企业的回报，才能保证企业向前发展。海尔在创造需求，不是制造需求。用户的要求永无止境，作为企业，我们要不断满足消费者的需求，让他们的每一天都过得更好。

54. 盯紧市场创美誉

企业创名牌要有时空概念，不能今天是名牌就算了，而不管明天如何，具体要考虑长远。创名牌不是短期事业，必须考虑到全体消费者，不能有糊弄消费者的想法。这是信誉问题，要对消费者负责。

张瑞敏名言

过去20年来，海尔保持了一种高速的发展，以后很难保证还能有如此高速的发展，因为，这要求我们不仅做到销售收入的增长，而且还要有利润和品牌美誉度的增长。

张瑞敏经历

很多人都知道，海尔彩电就是西湖彩电，但很多人还是宁愿多花几百元钱去买海尔彩电，这是什么原因呢？原因就在于消费者普遍对海尔品牌的美誉度放心、满意。

品牌美誉度不等于知名度。就像一个人出名容易，难的是要出好名。在过去20多年的商海沉浮中，中国企业不知演绎了多少品牌沉浮的故事，但能够像海尔一样屹立不倒的却很少。

为了不断提升海尔品牌的美誉度，加强自身品牌在用户心中的真正地位，张瑞敏制定了“紧盯市场创美誉”的品牌战略。张瑞敏认为，老百姓之间的口口相传才是硬广告，比花大价钱做包装的效果要好很多。但他同时也清楚，一个企业构建美誉度的行动坚守一天不难，最难的是坚守一辈子。为此，海尔多年来时时刻刻地坚守着自己的美誉度，从未放松过。

市场在哪里？市场就是客户，是消费者，只要企业会看用户“脸色”，市场就会对你微笑。

海尔商用空调产品本部本部长王利在国际培训中心培训时，有点感冒。晚上王利正在房间里整理作业，培训中心的工作人员端着一碗姜汤上来了：“需不需要加被？要不要拿药?”王利感动之余，还很吃惊：“你们怎么知道我感冒的?”服务人员微笑着说：“从你的脸色上就看出来了!”

随后几天，他在北京和上海谈判一项家用 MRV 工程时，注意到对方一直很关心空调的用电情况，这时他想到了国际培训中心的服务人员，于是在当天晚上的方案准备中，王利建议把海尔商用空调刚在市场上推出的计费系统作为重点推介，关键是要说明海尔商用空调一年比普通功能的空调节约电费多少，如何根据用户需求设置电费控制等。

结果，在第二天的推介会中，这一部分内容很明显地引起了对方的兴趣，他们又提出了这方面的很多问题，王利都从节能方面给予了充分的解释。后来这位负责人问王利：“你们怎么知道我们公司对用电量是有指标控制的?”王利笑了笑说：“我不知道，这是因为我们产品的个性化功能多。”但王利心里明白，其实这是因为海尔看用户的“脸色”行事而已。

在客户一次次露出满意的微笑时，海尔品牌的美誉度也一分分地得到提升，客户对海尔的信任度和支持度也就随之增加。20 多年前，海尔的名字无人知晓，20 多年后的今天，海尔享誉全球。美国《家电》杂志统计显示，海尔是全球增长最快的家电行业；美国《金融时报》评选“亚太地区声望最佳企业”，海尔名列第七；美国科尔尼管理顾问公司也将海尔评为“世界最佳运营企业”。

今天的海尔依旧紧盯市场的变化，甚至争取在市场变化之前发现用户的需求，用最快的速度满足甚至超出用户的需求，创造美誉。

成功启示

树立品牌有两层含义：一是知名度，二是美誉度。创知名度容易，比如在中央台的黄金档打几次广告就足够了。但是创美誉度则需要企业生产的产品能够赢得消费者的心。

很多企业误认为知名度就是美誉度，于是将大量精力投入到广告宣传上。比如说，在电视、报纸、网络上做宣传，“王婆卖瓜，自卖自夸”。但是这些是美誉度吗？不是。“三鹿”曾是中国知名品牌，国家免检产品，知名度够高，但它的美誉度怎么样呢？“三聚氰胺”带给无数家庭无尽的痛苦，而这个企业在危机来临的时候不是想办法补救，而是想方设法推诿、遮掩，到了真相大白之时，也就是它黯然收场之时。当美誉度降到历史最低点，可以预见，“三鹿”品牌被消费者抛弃已成为必然。

品牌的美誉度是指市场和消费者对这个品牌能动的价值认知，对品牌文化或品牌服务行为的赞美程度。主要形式是消费者通过自觉、快速的购买行为和传播行为来体现，如消费者首选购买品牌产品、重复购买品牌产品，主动向他人口碑传播品牌，对该品牌产品的赞誉等等。品牌的美誉度一旦建立，将会降低品牌产品进入市场的阻力，降低市场营销成本，扩大品牌产品的销售量。据资料显示，在相关品类产品中，具美誉度品牌的销售量比仅有知名度的品牌高出6%至9%，在相关品类产品中，具美誉度品牌的销售量比仅有知名度品牌的销售价值高出12%。

提高美誉度的方法很多，但无论如何都要盯住市场，努力取得消费者的信任。让消费者满意，重要的必须要知道消费者需要什么。这要求企业要有创新意识，努力作到品质上的改进和技术上的创新，牢牢抓住消费者的心。

宝洁作为全球最大的日用消费品公司之一，在全球70多个国家设有工厂及分公司，所经营的300多个品牌的产品畅销140多个国家和地区。宝洁取得此番成就，与其根据“消费者需求”创建美誉度的战略是分不开的。宝洁的研究实验室和工厂、市场一样繁忙，新产品一个接一个地出现：象牙皂片，一种洗衣机和洗碗碟用的片状肥皂；CHIPSO，第一种专为洗衣机设计的肥皂；CRISCO，改变美国人烹调方式的第一种全植物性烘焙油；第一支含氟牙膏佳洁士得到美国牙防协会首例认证，很快就成为首屈一指的牙膏品牌；可抛弃性的婴儿纸尿片等等，所有这些创新产品都是基于对消费者需求的深入了解。正是产品的不断推陈出新，为宝洁公司赢得了良好的美誉。

但在现实生活中，很多企业存在着“知名度”强“美誉度”弱的状况，这就导致很多曾经名噪一时的知名品牌，由于不注重美誉度的建设而昙花一现。各位企业的经营者一定要切记，消费者购买你的产品，并不是冲着你的知名度来的，而是冲着你知名度后面的美誉度来的。有了美誉度，企业也就有了货真价实的品牌。

55. 用户永远是对的

用户就是衣食父母，只要能够不断给用户提供最满意的产品和服务，用户就会给企业带来最好的效益。

张瑞敏名言

中国的特点是，一方面老百姓大多不熟悉家电产品的使用知识，另一方面，家电产品的消费又占了家庭收入的很大一部分。因而，经常遇到的情况是由于消费者使用不当而使产品出现问题。在一些企业与消费者谈论究竟谁对谁错时，我们却坚持在这个问题上没有任何讨论的余地，用户永远是对的。

张瑞敏经历

“用户是衣食父母”是所有海尔人的共识。走进海尔的售后服务中心，首先映入眼帘的就是“如果你满意，请告诉你的亲朋好友，如果你不满意，请告诉总经理”，而总经理的回答是“用户永远都是对的”。

海尔售后服务中心曾接到了一位用户来信，询问冷柜长时间不停机是怎么回事。可这位寻求服务的用户粗心地没有留下联络方式，只是简单地写了“浮山”两个字。面对如此宽泛的住址，一般企业都会待信息完善后，再进行服务，但海尔售后服务中心的工作人员秉着“用户至上”的服务理念，立刻前往浮山落实情况。一名服务人员带着用户的信和修理工具来到浮山，在密密麻麻的住宅区，一个街道一个街道地打听，直到日落，才在户籍民警的帮助下找到了写信的客户。经过检查，产品本身并没有出现原因，主要是因为用户没有看懂说明书、冷冻食品太多导致的。但海尔的服务人员没有任何怨言，耐心地向客户介绍了使用知识，直到客户满意为止。

对于没看懂说明书一事，不少人埋怨用户笨，但张瑞敏说：“用户不会使用产品是因为他们看不懂说明书，真正的原因在说明书上。”张瑞敏认为，与其抱怨用户，不如基于用户的情况重新设计产品的说明书，因为“在用户面前抱怨，我们永远没有道理！谁在用户面前讲道理，谁就会失去市场！你在用户面前讲那么多道理，也罢，用户讲不过你，被你说服了，但用户可以说一句话，‘把你的理由留给你自己吧，我不买你的产品总可以吧！’用户不买你的产品，你还给谁讲你的理呢?”海尔坚信，只有站在用户的角度考虑问题，以用户的需求为企业的第一要务，这才是赢得用户长期信任的根本途径。

一位海尔用户因为自己退休而导致心情不好，正在此时，他家的吸油烟机不吸烟了，一股无名之火让他将电话打到了海尔售后服务部。

电话一接通，他就大喊大叫地说了很多过激的话，但是电话另一边的海尔工作人员始终态度依旧，没有指责过这位用户一句，并轻声细语地对用户说：“我们马上派师傅上门维修。”

当师傅提前30分钟来到他家时，他感到很不可思议，但碍于面子始终没给维修师傅好脸色。当师傅走后，他从窗户外看到师傅蹲在地上吐了起来，这让他感到很内疚。于是他打电话询问了情况，原来这位师傅本来因病在家休息，为了怕用户着急，于是带病上门维修。

这件事对这位用户的触动很大，他感到自己在电话中的态度太恶劣，也感到自己没有被忽视，继而他为自己能享受到海尔优质的产品和优质的服务而感到骄傲和自豪。

“客户永远是对的”是一种态度，它并不是真的指客户绝对是对的，而是在于提醒大家：不要轻易地反驳客户的观点，一味地与用户争辩孰对孰错没有多少实质的意义，要学会换位思考，站在客户的立场上考虑问题，这样做才能赢得用户真正的信任。

成功启示

沃尔玛创始人山姆·沃尔顿指出：“事实上，用户能够解雇我们公司的每个人，他们只需要到其他的地方去花钱，就可以做到这一点。”由此可见，衡量企业成功与否的重要标准就是让顾客，即“我们的上帝”满意的程度。

“用户永远是对的”，这是许多企业奉行的一条准则，不少企业甚至把它作为企业的宗旨，还有企业撰文推广它，以表达对客户的重视程度。

如果你看过沃尔玛的员工守则，你就会明白用户在他们心中的地位了。他们的员工守则是这样的：

1. 顾客永远是对的；

2. 顾客如有错误，请参看第一条。

这是沃尔玛“顾客至上”原则的一个生动写照，甚至有一些员工感慨地说：“是沃尔玛第一次让我们认识到顾客永远是对的。”

沃尔玛常年雄踞世界零售行业的霸主地位，它经营秘诀就在于不断了解顾客的需要，设身处地为顾客着想，最大程度地为顾客提供方便。

一次，有位顾客到沃尔玛店寻找一种特殊的油漆，但店中正好缺货，于是油漆部门的经理便亲自带这位顾客到对面的油漆店购买。该顾客和油漆行的老板都感激不已。沃尔顿常对员工说：“让我们以友善、热情对待顾客，就像在家里招待客人一样，让他们感觉到我们无时无刻不在关心他们的需要。”

一个老太太带着一个轮胎，来到了诺兹特连锁店要求退货，她坚持说这个轮胎是在这里买的，其实这家店从来就没有销售过这种轮胎。

售货员很有礼貌地向她解释说：“我们店里从来就没有销售过这种轮

胎，你肯定搞错了。”

“不”老太太坚持说，“我肯定是在这里买的。只要我不满意就要退货。”

最后，销售人员和主管商量后，他们决定接受“自己的轮胎”，并且用热情的态度给客户办了手续。老太太很满意地离开了。从那以后，老太太成了这家连锁店忠实的用户。

这一事件给予人们的启示在于：即使是顾客真的错了，也要采取相应的方法让顾客满意，这是赢取顾客信任的最佳方法。

其实要真正理解“客户永远是对的”，并将其贯穿于实际行动中，需要做的就是换位思考。我们每一个人都是别人的客户，我们自然会以为自己提出来的要求是合理而不过分的，一般不会认为自己是错的，因此我们也不会故意去刁难他人，其实，客户也一样。从这个角度来理解“客户永远是对的”就容易得多了。

56. 与客户零距离接触

海尔的“零距离”服务可以理解成一种无限的概念。海尔不仅仅将服务作为了一个卖点，而是将其作为一种观念来培养，作为一种品牌来塑造。

张瑞敏名言

所谓零距离，其本质是心与心的零距离，只有企业同员工的心是零距离，员工才能同用户的心零距离，那就真正做到了买一台产品赢得一颗用户的心，这不仅是国内的用户，也包括国外的用户。

张瑞敏经历

市场经济下，不少人都将企业和用户的关系认定为冷冰冰的钱和物的交换关系。商家卖商品，用户买商品，掏完钱交易就结束了。但是事实并非如此，如果企业仅仅是停留在这个阶段，就永远都不会赢得真正的用户。如果企业要在市场上争取最大的市场份额，张瑞敏认为，钱和物的交易应该换成人与人之间的感情交流。

海尔在平时的服务实践过程中，不仅尽量去满足用户的需要，而且还传播企业的文化精神，在为用户送去一份真情的同时，达到与用户心与心的零距离。

为了拉近与用户之间的距离，海尔推出了为用户家电“过生日”的亲情化服务，即在用户购买使用海尔家电周年时（彩电、电脑每满三年，平板电视一年，其他家电每满五年，VIP 用户每年一次）主动送上“生日”礼物，包括赠送家电生日贺卡，对海尔家电进行维护、保养，征询用户意见等超值的服务。

2005 年 3 月 9 日，重庆南坪明佳园居民陈女士遇上了“双喜临门”的好日子，海尔人就给她女儿和洗衣机一起过了生日。事情是这样的，五年前的 3 月 9 日，陈女士生下了女儿，当天老公特意买了台海尔洗衣机送给陈女士。海尔服务人员来到陈女士家安装洗衣机时，细心的师傅无意中知道了用户购买这台洗衣机的“重要”意义，便在反馈安装信息时特别作了备注。五年后，海尔服务人员特意买了生日蛋糕，给陈女士的女儿和洗衣机共同过生日。海尔服务人员不但送上了生日蛋糕，还将陈女士家的洗衣机从里到外全面通检保养了一次。

胶南市海青镇徐家洼村的陈冬梅女士的父母家一台使用多年的电冰箱出现不制冷现象，对家用电器使用知识不甚了解的父母无奈之际让她找人维修。当时她就想到了胶南的青岛鸿润兴商贸有限公司。作为海尔的售后服务部门，他们在胶南城乡享有很高的声誉。但陈冬梅转念一想，父母使用的电冰箱并非海尔品牌，他们能提供维修服务吗？

抱着试试看的想法，她拨通了这家公司的电话。海尔的服务人员当即表示：消费者的困难海尔将全力帮助解决。当日两位负责维修的师傅就驱车近百里赶到陈冬梅父母家。他们戴好鞋套，拿出专用工具细心检测、调试，不长时间就将冰箱修好了。之后，两位师傅见屋内连接照明灯具和家用电器的导线部分已经老化，征得她父母同意后，给予了更换。

他们并没有着急走，又用仪器对家里的用电环境进行了检测，直到确定没有安全隐患。两位师傅还告诉陈冬梅的父母一些安全用电和科学使用电冰箱等家用电器常识。陈冬梅的父母面对如此周到、认真的服务感动得不停地给两位师傅递烟敬茶，均被两位师傅婉言谢绝。临走时，他们还告诉两位老人，今后使用家用电器时有什么困难尽管找他们。

从此后，陈冬梅一家再买家用电器都会选择海尔，因为海尔优质的服务征服了他们一家人的心。

俗话说："得人心者得天下。"对企业而言，得到了消费者的心就等于得到了市场。海尔多年来一直备受消费者的青睐，就是因为海尔没有把用户当成是交易的对象，而是将他们视为自己的亲人。亲人之间是没有距离的，也是彼此信任的。

成功启示

曾有人这样说过："如果客户与你是零距离的话，那你就和对手成了无限远；如果客户和你的距离是无限远，那你就和对手成了零距离。所以我们要时刻关注客户的体验，提供适合客户的服务和关怀，努力与客户零距离，与竞争对手'无限远'。"

与客户达到"零距离接触"是服务的最高境界。它是从顾客的角度考虑并设计服务内容，在全心全意的服务过程中拉近与客户的距离。这种服务区别于那种救火式的服务，其追求的目标是关注所有细节、满足客户的所需所求。

但凡知名企业，其服务意识和服务内容都值得称道，只要提起这些企业的名字，客户都会感到熟悉和亲近。他们是如何做到的？靠的就是尽量拉近与客户的距离，取得客户的好感和信任。

台塑创始人王永庆靠卖米起家，他就是靠着周到的服务拉近了与客户的距离，进而将企业越做越强。虽然王永庆注意的都是细节，但是他的所作所为让客户感到很贴心。他是怎么做的呢？别人只是卖大米挣差价，而他却做了几件在别人看来离奇而又与挣钱无关的事：

他和弟弟王永在一齐动手，将夹杂在大米里的糠谷、沙粒统统清理干净。那时候，稻谷加工非常粗糙，大米里有不少糠谷、沙粒、老鼠屎。这一来，他店里的米质比其他米店要高一个档次。

提供送货上门，无论天晴下雨，无论路程远近，只要顾客叫一声，他立刻送到。当时尚无送货服务，卖米的利润极其微薄，一斗米只能赚一台分，但他坚持免费送货服务。

给顾客送米时，他都会帮顾客将米倒进米缸里，减少顾客的麻烦，倒米时他总是先把米缸内的旧米倒出来，把米缸擦干净后，再倒进新米，最后把旧米放在上层。这样，旧米就不至于因陈放过久而变质。

每次给顾客送米，他还默默地记下顾客家中的人数，大人几个，小孩几个，以此来估计日消耗米量，详细记录在小本上。这样就能在顾客家里的米即将吃完了的前几天，就专程到顾客家去提醒要不要送米，不等顾客上门，他就主动将米送过去。嘉义大多数家庭都靠做工谋生，收入微薄，少有闲钱，如果送完米马上收钱，碰上顾客手头紧，会弄得双方都很尴尬，所以王永庆每次送米，并不急于收钱，他把全体顾客按发薪日期分门别类，登记在册，等顾客领了薪水，再去一拨儿一拨儿地收米款。

这一个个细节不但让王永庆牢牢地吸引住了客户，而且让他与客户的关系更为密切。有的客户甚至将他看成了自己的亲人，留他在家里吃饭，但每次都被他婉言拒绝了。王永庆虽然经营的是小本生意，却将整个服务做得尽善尽美，最后客户都离不开他了，他的事业也随之越做越大。

现如今，企业的经营者们都过分地追求利润，反而忽视了与客户之间的感情交流，长此以往，与客户之间的距离就远了，慢慢地也就失去了客户的信任。无数企业的成功证明了企业只有将钱和物的交易换成人与人之间的情感交流，只有与用户心交心才能赢得客户的信赖。

57. 细节决定成败

20 世纪 80 年代中期，海尔就规定维修人员不能在用户家喝酒、吃饭、抽烟，不许收受用户的礼物，甚至不准喝用户的水，要喝自己带的水，这给用户留下了很深的印象。

张瑞敏名言

能够最大程度地满足用户个性化需求，利润自然就在其中了。

张瑞敏经历

多年来，海尔的服务一直得到消费者的肯定，原因就在于海尔的服务独具特色，很注重细节。其他企业没有的，海尔要有，海尔信奉。差别化服务对产品来说是再造卖点的永久性工程。

差别化就是个性化，要求企业从细节下手，做到与众不同。海尔的服务以细节取胜，要求服务人员必须细中求细，做到细致入微。海尔对服务人员的规定之细甚至包含“该怎么敲用户的门”，管理之细从服务规范、服务礼仪、服务用语、岗位衔接、互动制约到动态考核、政策激励、等级排序、星级升降等一一规范清楚并严格执行。

究竟海尔对细节的要求达到了什么样的程度？海尔企业文化中心的谢经昌在专题报告中有所陈述，他说：“差别化服务，就像我们海尔的产品一样，标新立异。海尔产品比别的厂家产品的价格高。价格高，它有它的道理，它有它的附加值存在的道理。我们的标新立异战略，一定和其他的产品在性能上、质量上不一样。否则的话，你又怎能比其他的产品卖得高。在产品的服务上，我们是差别化服务。别的厂家没有，海尔要有，要有它的个性。”

1984 年，海尔就建立了售后服务中心，当时家电产品供不应求，消费者买彩电、冰箱都要用票，根本没有企业考虑去上门服务。可海尔在这个时候，精选素质较高的小伙子来担任这件事，并且规定了很严格的制度。规定其中有一条：到用户家去服务，不能喝用户家的水。这一条规定从 1984 年开始到现在，海尔始终在坚持。

有消费者写信给张瑞敏，认为完全没有必要规定服务人员不能在用户家喝水，大热的天，喝点水算什么？但张瑞敏始终对这条制度坚持不变，就是要独树一帜。

据广州海珠区的陶小姐介绍，一次她家的洗衣机洗好了衣服，门却打不开了，因为第二天早上要和朋友去郊游，当时，她的心里很着急。早就听说海尔售后服务随叫随到，抱着试试看的想法，陶小姐拨打了海尔的热线电话。令她没有想到的是，海尔公司表示可以马上派服务工程师上门检修。不到 15 分钟，服务工程师就上门了，经过检测、维修，故障很快被排除了。临走之前，工程师还告诉她一些保养电器的小常识。

许多企业都有售后服务，但是能随叫随到的只有海尔一家。正是因为海尔差异化的售后服务，让陶小姐消除了后顾之忧。在随后陶小姐搬迁新居时，所有家电全部选购了海尔产品，并成了海尔会员，免费享受海尔推出的一系列惊喜的增值服务。

“皇帝的女儿不愁嫁”的时代已经一去不复返了，在家电行业狼烟四起的今天，企业只有做到“想别人不敢想，能别人所不能”才不会被淘汰。海尔的差别化服务成了海尔占领市场，战胜对手的法宝。

成功启示

服务差异化是企业面对较强的竞争对手时，在服务内容、服务渠道和服务形象等方面采取有别于竞争对手而又突出自己特征，以战胜竞争对手，在市场站稳脚跟的一种做法。目的是要通过服务差异化突出自己的优势，与竞争对手相区别。

如果要做到差异化服务就要针对客户的不同需求，在业务开发与推广上，重视对目标市场的研究和需求的细分，努力提供多种业务应用，满足不同目标客户群的个性化需求，针对客户的不同需求而提供个性化服务与资费选择，它是一种市场细分的营销策略。

在家电市场竞争如此激烈的今天，企业必须要在服务上推陈出新，展示自己的特色。从海尔多年的经验中我们得到启示，个性化服务已经越来越成为企业生存发展的利器，为用户提供“个性化服务”是增强企业核心竞争力的一个新趋势、新要求。

世界零售业巨头沃尔玛也是通过一些细节上的、看似简单的、不起眼的个性化服务将自己与众多同行竞争者区分开的。沃尔玛通过“十英尺态度”这种对顾客无微不至的服务捕获了消费者的“芳心”。什么是“十英尺服务”？它是由沃尔玛的创始人山姆·沃尔顿提出来的。沃尔顿多次到店里视察，鼓励员工说：“我希望你向我保证，无论什么时候，当客户与你的距离在十英尺之内时，你就会注视他的眼睛，问他是否需要你的帮助。”

除此之外，沃尔顿还向全体店员发出挑战，希望他们能主动去落实他提出的“主动好客”的思想。他说：“让我们成为世界上友好的服务员，为所有进入商店的人提供帮助，提供更好的超过客户期待的服务。为什么不呢？你们是世界上最好的店员，最有爱心的店员，完全可以做到这一点。完全可以做到比世界上其他对手公司的店员更好，超过你的客户的期望。”

正所谓：“满意是一时的，忠诚是永久的。”企业只有通过管理创新、服务创新、稳定质量，多方位、大范围为社会、客户提供个性化产品、个性化服务，使产品更加贴近客户，更加贴近市场。这样，企业才能在市场经济的竞争中立于不败之地。

58. “全程管家365”

服务机制的完善与否直接代表着企业体制的先进程度，服务环节的完善与否直接反映着企业的经营水平和经营能力，可以说，服务是企业全部经营活动的出发点和归宿。服务决定消费，并由此决定生产，这是一个积极的双重因果循环关系。

张瑞敏名言

随着品牌的发展，服务等于品牌。

张瑞敏经历

2003年，在家电界以质量服务闻名的海尔集团又有新举措，率先推出“全程管家365”的服务新理念，将海尔服务以直观的方式传达给消费者。

海尔的“全程管家365”针对每个用户的具体运作特点和实际需要，分别为他们设计和提供最为适合的、个性化的售前、售中、售后服务。与此同时，海尔也强调提倡全天候服务。它的具体内容如下：

售前，上门设计；

售中，咨询导购、送货到位；

售后，安装调试、电话回访、指导使用、征询用户意见并及时反馈到生产开发部门，不断提高产品的设计。另外，还会根据用户的预约为用户提供上门维护、保养等服务。

在海尔这一新的服务理念出台后，很多消费者都写信对其表示欢迎。海尔想做的不是让客户一时满意，而是让用户在使用海尔产品时，时时放心。

2004年，一位海尔用户的母亲从乡下来到城市，但用户在外地出差，不能照顾母亲。因为母亲不会使用空调，他担心母亲在冬天挨冻，于是就给海尔打了个电话，请师傅帮他的母亲把空调打开。当天就有位年轻的海尔服务人员来教老人使用空调，不仅教得很耐心，而且还帮助清理了房间里的灰尘。

这位用户的母亲已经70多岁了，当时虽然学会了，不久又忘了。年轻的师傅见状，对客户的母亲说："大娘，我把您的空调设好，明天白天会自动停，明晚我再来帮您调。"他母亲不相信会有这样的好人。第二天同一时间，师傅到她家把空调打开，调好温度，提了垃圾袋，微笑着走了。直到那位海尔用户出差回来那天，师傅还照样上门。客户一再表示感谢，师傅却说："谁家没有老人，海尔人都会这么做的！"朴实的话语，让客户的母亲感动得流下了眼泪，她说："自己的儿子也不过如此！"这位师傅的名字叫尚庆宇。

从此这位客户和他的母亲都成为了海尔忠实的用户，他们不但自己使用海尔的产品，还向周围的亲戚朋友宣传海尔产品，赞扬他们优质的服务。

截止到今天，海尔的服务网点已经遍布世界各地，数千名服务工程师365天随时整装待命，全天候24小时等待用户的来电。无论刮风下雨，只要消费者一个电话，"全程365"的服务人员就会及时按用户下达的要求上门服务。

成功启示

企业靠什么才能使品牌在激烈竞争的市场上独树一帜呢？不同的企业可能有自己不同的答案。有的企业认为是产品质量。但在今天，仅仅靠优良的产品质量已不能吸引更多的顾客，因为，在商品日益丰富的今天，质量不是顾客作出购买决策的唯一依据，况且各企业之间产品质量的差距正在逐步缩小、日趋一致。

也有的企业认为是价格，于是价格战此起彼伏，愈演愈烈。但是，价格竞争的手段只能奏效一时，而企业却要为此饱尝恶果。据相关资料显示，如果某产品有40%的销售利润，为争取顾客打10%的折扣，那么销量必须增加33%，才能补偿失去的利润。若折扣为20%，则销量必须翻番，利润才能与原先持平。

这时聪明的企业想到了服务，这才是企业塑造品牌、长盛不衰的法宝。尤其对于购买周期较长时间的家电产品来讲，更是如此。专家指出家电区别于其他产品，使用时间通常较长，因此保养要重于维修。以空调为例，每年需要对过滤网除尘、排水管、电源线、氟里昂泄漏等重点部位进行1至2次的检查，适时地进行适当保养，才能延长其使用寿命、节能降耗。基于家电产品的特殊性，海尔推出了“全程管家365”服务新概念，只要消费者拨通海尔服务热线，海尔服务人员就会全年365天24小时提供设计、安装、免费清洗、维修的全程服务。

全天候、全方位服务是不少企业吸引客户的有效手段。联想作为中国IT行业的霸主，总是第一时间去解决客户的问题，想顾客之所想，尽力为客户排忧解难。这样做不但让其征服了国内的客户，也让其产品受到了国外用户的好评。

德国市场竞争十分激烈，但联想QDI主板业务在德国名列前三名。联想是如何做到的？联想靠的就是全方位、全天候的服务。联想驻德国办事处只有很少的几个人，经理吴永华，作为德国办事处唯一的女性，大家都亲切地叫她阿吴。阿吴率领着4名平均身高1．80米的德国小伙子，堪称是一位巾帼英雄。阿吴最大的特点就是注重时间效率，做事雷厉风行，这也是联想服务人员的共同特点。

无论什么时候，客户有了需求，需要求助现场技术支持，阿吴都会第一时间安排相关人员赶往现场做技术服务处理。如果有紧急问题或是安排不开人手，阿吴二话不说，拿起备件，跳上车就奔向最需要联想支持的地方。一次，阿吴为了解决一个外地客户的燃眉之急，连续开车七八个小时，赶到了客户那里。阿吴的服务意识和行为，让很多德国客户非常感动，他们都成了联想产品的忠实拥护者。

对于大多数人而言，一提到售后服务往往会简单地想到上门维修，其实服务的内涵远不止如此。优质、全方位的服务应该贯穿于售前、售中、售后的全过程，应该是全方位、全天候的。企业也只有为客户提供这样的全程式服务，才能在竞争中立于不败之地。

59. 一站到位，一包到底

只有让用户真正感动，你才能够真正让他们接受我们的品牌。如果没有用心去做感动别人的事，去做一个事业，即便今天有一点成绩，明天也不会持续下去。

张瑞敏名言

随着生活节奏的加快，海尔通过产品和营销创新，在中国一二级市场推出了“成套家电”及“成套家电服务”。随着生活节奏的加快，工作压力的加大，越来越多的白领阶层产生了新的消费需求：希望买一个家电品牌能够满足所有需求，希望送货上门时一次解决所有家电的配送安装，希望随时一个电话就能够得到所有家电问题的解答。

张瑞敏经历

海尔是一家大型的家电生产企业，家电门类很多，为此海尔推出了“一站到位”服务。此服务理念的目标是：“一站到位提前一秒，用户满意增加一分。”该服务的具体内容是：经过专业化、规范化、严格培训且考查合格的海尔服务工程师在为客户提供“手到病除”的基本服务时，还将对用户家中的所有海尔电器进行“一站式”通检及维护、保养、清洗服务。另外，还要根据用户的个性化需求提供安全配电、电线检查、定向排水、管路维修等服务。真正做到了随叫随到、到了就好、创造感动、信息增值。

如果你是一位海尔用户，只要一个电话，海尔就会在最短的时间内到达现场，解决问题，给用户提供个性化服务。上门后能够迅速而准确地判断故障的原因，排除故障，手到病除，一次服务到位，不返工，不拖沓。

2010年1月25日，谢先生准备在新房子添置家电，听朋友说海尔电器产品质量好，还有优质的售后服务，于是就拨打了海尔电器的服务热线电话，询问是否能够先上门设计后购买产品。电话挂断不久，海尔东方网点的赵师傅就准时上门了。进门后赵师傅先给他家进行了安全测电，然后根据他家的布局、位置进行了设计，随后还拿出《海尔销售服务中心产品推介手册》向他推荐了全套产品，并逐一向他讲解了各产品的功能及保养常识，这一系列服务，让谢先生感觉到很贴心，立刻决定购买赵师傅推荐的产品。赵师傅告诉他下午就可以给他将整套家电送货到家，货到付款。结果，下午2点左右，谢先生接到了赵师傅的电话，产品一次性都送到家了。不久后，产品全部安装到位，这让谢先生真正体会到了一次海尔“一站式”的顶级服务。谢先生对师傅们竖起了大拇指，称赞道：“海尔服务真是没的说，下次还买你们的产品!”

徐先生长期在外地工作，无法照顾家中年迈的父母，他准备回家帮父母买台热水器。由于徐先生家没有安装过热水器，没有管路，所以徐先生给海尔的服务热线打电话咨询，可不可以在没买机器的情况下提供上门设计。海尔当地的销售人员了解徐先生的需求后表示可以直接带货上门，能安装就直接安装。

第二天，海尔售后服务部门的面包车就来到徐先生家帮徐先生设计安装，前后不到3个小时就全部安装完毕。海尔及时、周到、一站式的服务，让徐先生在没有影响工作的情况下，尽了自己的孝心。满意的徐先生把自己对海尔的感动告诉了身边的人，让所有人来支持我们的国有品牌——海尔!

海尔为用户提供的“一站式”服务深入人心，有口皆碑，用户在感动中对海尔这个品牌产生了信任，海尔的品牌也因为客户的信任更加响亮。

成功启示

所谓的“一站式服务”其实就是只要客户有需求，被服务站点所受理，那么服务人员就要对所有问题予以解决，没有必要进行第二次服务。

“一站式”服务有许多优势，以海尔为例，其一是技术，海尔电话中心开展一站式服务，这样一来，电话中心的咨询员“一人多能”，解决各种产品的问题对他们来说成了“家常便饭”。其二是资源，大多数用户的购买记录都被整合在咨询员的电脑数据库里，鼠标轻轻一点，用户家中有什么海尔产品一目了然。其三是速度，一个电话，很短的时间内双方就沟通完毕，如果需要上门服务，详细信息会传到顾客服务部，几个产品的服务人可以同时到达用户家，迅速高效地解决问题。“一站式”服务不但大大提高了服务的速度，而且节约了企业的资源。

现如今，不少企业为了“整合完美的服务和高效的管理”纷纷推出“一站式”服务，试图给经营者和消费者双方一个和谐、稳定的交易环境。在“一站式”服务下，消费者和经营者之间的距离缩短了，交易的过程也更顺畅了。

后记

本书在写作过程中，作者查询、参考了大量的相关资料，包括电视、图书、网络、报纸杂志等资料，从中借鉴了许多有价值的观点，在此表示衷心的感谢。我们在书后给予了标注，但由于资料来源广泛且时间仓促等原因，难免挂一漏万，如有遗漏，深感歉意，还盼谅解。

重要参考书目：

1. 田永宽著：《简单管理——不能不借鉴的海尔管理》，青岛出版社，2006 年版。

2. 吴良平主编：《海尔商道》，中国城市出版社，2007 年版。

3. 湖泳、秦劭斐著：《张瑞敏管理日志》，中信出版社，2009 年版。

4. 党书国著：《海尔管理模式全集》，中国武汉大学出版社，2006 年版。

5. 迟双明编著：《激活休克鱼——感动中国的张瑞敏与海尔文化》，中国言实出版社，2005 年版。

6. 程书博、乔雨林、郝耕樵、高天霞著：《第一执行者——海尔集团总裁杨绵绵的管理之道》，中华工商联合出版社，2007 年版。

7. 海尔企业文化中心著：《海尔品牌之路》，青岛出版社，2005 年版。

8. 潘云良、苏芳雯主编：《海尔管理教程》，中共中央党校出版社，2008 年版。

9. 宿春礼著：《海尔的 49 项经营管理准则》，经济管理出版社，2006 年版。

10. 林赛著：《商儒张瑞敏》，现代出版社，2009 年版。

11. 杨克明著：《创新经营》，北京大学出版社，2006 年版。